CÓMO DESARROLLAR LA INTELIGENCIA EMOCIONAL EN LOS NIÑOS

Claves para Incrementar la Inteligencia Emocional en las Etapas más Importantes

TERENCE FOWLER

Índice

Introducción

Vamos a comenzar con una historia simple, con la que estoy seguro te sentirás identificado. Casi todos los padres han estado allí. Caminando por la tienda de comestibles con tu hijo que se ha comportado perfectamente, todo parece estar perfectamente bien. Tu estás encantado con el buen comportamiento de tu hijo. Entonces aparece. Sabes lo que es.

El temido pasillo de dulces.

El niño ve el pasillo lleno de dulces de colores brillantes y pide un pedazo, como suelen hacer los niños. Le dices a tu hijo que no, que no es una opción saludable, pero estás más que feliz de permitir que el niño escoja una fruta o un refrigerio saludable de algún tipo. Puedes verlo en la cara de tu hijo; se activó un interruptor y se avecina la rabieta.

De repente, tu hijo está gritando y agitándose en medio del pasillo de dulces pidiendo dulces, y puede sentir la humillación ardiendo tan intensamente como sus mejillas. ¿Qué vas a hacer después? Algunos padres pueden responder con sus propias emociones, morder al niño para noquearlo, o habrá castigos. Se expresan amenazas de azotar, devolver otra comida, dejar, moler o castigar al niño, pero eso solo sirve para enfurecer aún más al niño, que puede o no estar agitándose en el suelo y gritando que tu eres el peor padre del mundo en este punto. Las emociones continúan aumentando, y ninguna de las partes parece dispuesta a escuchar, y toda la situación se intensifica.

Otros padres prefieren enfrentar las rabietas de sus hijos con una táctica completamente diferente. Prefieren enseñar a sus hijos a ser emocionalmente inteligentes y, en cambio, intentan resolver conflictos con el coaching emocional. A través del arte del entrenamiento emocional, los padres guían a sus hijos a través de cinco pasos: son conscientes de las emociones de sus hijos, reconocen las emociones como oportunidades de aprendizaje, escuchan y validan los sentimientos de sus hijos, etiquetan las emociones y ofrecen consejos sobre la resolución de problemas. A través de estos cinco pasos, los padres enseñan a los niños a manejar sus emociones, buenas y malas, en lugar de castigarlos por tenerlas. Este padre verá la decepción y la frustración en el niño y les pondrá nombres. Justificando con calma las emociones del niño, el padre emocionalmente inteligente reconocerá los sentimientos y dirá que puede ver que el niño está muy molesto y decepcionado, además de relacionarlo con un momento en que el padre también estaba decepcionado por no obtener algo deseado. El padre escucharía mientras el niño confirma que sí, él o ella se siente decepcionado y molesto, y luego ofrecería una solución al problema, sugiriendo que elijan algo más saludable pero delicioso. Rápidamente, la rabieta se ha calmado y el niño ha aprendido a identificar otro sentimiento y ha visto al padre resolver el conflicto rápida y tranquilamente sin dejar que las emociones dominen el escenario.

Inteligencia emocional para niños es una guía completa para criar a los hijos de una manera emocionalmente inteligente. Te enseña cómo abordar los grandes sentimientos de tus hijos desde el punto de vista de la comprensión de que los niños no pueden controlarse a sí mismos de manera inherente. Reconoce que los niños, especialmente los más pequeños, se dejan influir fácilmente por sus emociones y reconoce que la mejor manera de manejar las rabietas, la ira, la frustración y otras emociones o comportamientos negativos es enseñarles a los niños cómo pensar sobre las cosas de una forma emocionalmente inteligente. Esto incluye poder identificar tus propias emociones, controlar tus propias emociones y reconocer las formas en que tus emociones pueden afectar a otras personas.

A través de este libro, aprenderás los entresijos de la crianza de los hijos de una manera emocionalmente inteligente y se le dará una guía paso a paso para comenzar con el entrenamiento emocional. Aprenderás la importancia de criar a un niño con un alto cociente de inteligencia emocional (EQ), y verá cuán diferentes pueden ser los comportamientos de tu hijo si le enseñas cómo actuar de manera emocionalmente inteligente. Estas son habilidades para toda la vida que brindarán a tus hijos las mejores posibilidades de éxito en su futuro. Profundiza en este libro ahora para aprender todo lo que necesitas saber sobre la crianza de niños emocionalmente inteligentes.

PARTE I

Conocimientos Esenciales Sobre La Inteligencia Emocional

¿Qué Es La Inteligencia Emocional?

La historia de la inteligencia emocional

Los psicólogos han estudiado la inteligencia emocional desde que el concepto de "inteligencia social" fue introducido en 1920. Luego, otro psicólogo se basó en esta teoría y agregó la idea de que más de un tipo de inteligencia contribuye a la habilidad cognitiva. En su libro de 1983 sobre las estructuras de la mente: introdujo el concepto de inteligencia interpersonal e intrapersonal.

Sin embargo, el término "inteligencia emocional" no obtuvo popularidad sino hasta la publicación en 1995 del libro La inteligencia emocional, escrito por un periodista científico.

.   .   .

En su libro, define la inteligencia emocional y establece la importancia del coeficiente emocional para el liderazgo.

Luego, en 2004, se amplió el alcance y comprensión de la inteligencia emocional. Se desarrolló la teoría del rasgo para desarrollar y medir la inteligencia emocional. Esto derivó en la primera prueba de inteligencia emocional, el test de inteligencia emocional Mayer-Salovey-Caruso (MSCEIT, por sus siglas en inglés).

Hoy en día, la inteligencia emocional es estudiada por una gran variedad de psicólogos que buscan entender las diferentes competencias emocionales, las habilidades interpersonales que contribuyen a la inteligencia emocional, y la diferencia entre el coeficiente emocional y el coeficiente intelectual. Aunque muchos psicólogos no estén de acuerdo en los detalles exactos de la inteligencia emocional, la mayoría coincide en que es una habilidad que puede desarrollarse con práctica y entrenamiento.

.   .   .

Inteligencia emocional: Todos la tenemos. Es la habilidad con la que manejamos nuestras emociones. Es nuestra capacidad de ser conscientes y expresar claramente nuestras emociones y la forma en que manejamos nuestras relaciones interpersonales. El cociente de inteligencia emocional individual de cada persona es diferente del siguiente, pero todos lo tenemos hasta cierto punto.

Se cree que la inteligencia emocional es uno de los predictores clave del éxito, ya que aquellos que tienen niveles más altos de inteligencia emocional tienen más probabilidades de tener éxito que aquellos con un EQS más bajo, incluso si aquellos con un EQ más bajo tienen un coeficiente intelectual más alto. Para comprender verdaderamente la inteligencia emocional, debe comenzar a comprender los cimientos que la construyen.

Comprender las emociones

Las emociones son fugaces y volubles. Van y vienen, en función de todo lo que te rodea, tus pensamientos, tu estado mental actual, lo que estás haciendo en este momento, con quién estás o incluso lo que has comido durante el día. Todo lo que te rodea se clasifica en una de cuatro categorías: felicidad, tristeza, ira o miedo. Prácticamente todo lo que te rodea tiene algún tipo de impacto en tu estado emocional. A pesar de cuán ampliamente pueden oscilar las emociones y cuán fácilmente influenciables son, desempeñan un papel muy importante en nuestras vidas.

Causa de las emociones

Las emociones son nuestra primera defensa contra el mundo. Nos proporcionan juicios instantáneos y preparan nuestros cuerpos para reaccionar de manera conducente a la supervivencia. Varias teorías intentan explicar la causa de las emociones, pero generalmente se reducen a que las emociones son una combinación de estímulos externos que se encuentran con procesos de pensamiento internos. Las tres teorías más comunes son la teoría de James-Lange, la teoría de Cannon-Bard y el modelo de Schacter-Singer.

La teoría de James-Lange dice que la emoción es cómo las personas entienden los cambios en su cuerpo en respuesta a ciertos estímulos. Por ejemplo, si alguien se enfrenta a una persona con cara de enfado que le ataca agresivamente, su cuerpo primero entra en modo de lucha o huida. El subidón de adrenalina, que desencadena un pulso acelerado, hormigueo e hiperconsciencia de la situación, es interpretado por la mente como miedo.

Con la teoría de Cannon-Bard, se cree que cuando sentimos cosas a nuestro alrededor, la información se envía a dos partes separadas del cerebro. La corteza hace una reacción emocional mientras que el hipotálamo crea los cambios fisiológicos asociados con esa emoción. Siguiendo el ejemplo presentado anteriormente, la persona confrontada con ira siente la emoción del miedo al mismo tiempo que siente los efectos fisiológicos de la emoción. Tanto las sensaciones físicas como las emocionales son concurrentes.

Por último, el modelo de Schacter-Singer reconoce que las emociones son el resultado de una combinación de respuestas físicas más pensamientos sobre cualquier estímulo desencadenado por el pensamiento físico.

Por ejemplo, si su experiencia con alguien que carga hacia ti con una cara enojada es que tu serás golpeado, cuando veas que esa persona se te acerca enojada, tu reacción física de excitación al ser abordado se combinará con la aprensión o el miedo ante idea de ser golpeado, lo que conduce a una sensación general de miedo. Los pensamientos sobre el asunto desviaron la emoción hacia el miedo.

Motivo de las emociones

Las emociones son importantes. Su único propósito es procesar el mundo en un lenguaje que el cuerpo y la mente puedan entender. Se dejan influir fácilmente y suceden en juicios instantáneos basados en lo que sucede a nuestro alrededor. Son instintivos y nos llevan a comportarnos de maneras que conducen a nuestra propia supervivencia. Las emociones nos permiten comunicarnos con quienes nos rodean para asegurarnos de que nos cuidan y de que estamos cuidando a quienes nos rodean. Cada emoción en particular viene con sus propias expresiones y lenguaje corporal, que otras personas pueden usar como señales de su estado mental actual.

Debido a que somos un animal social que vive en grupos, necesitamos la capacidad de comunicarnos de manera rápida, eficiente y sin palabras para permitir una cooperación fluida. Al saber de un vistazo si tu tribu tiene miedo de algo, puedes comenzar a satisfacer las necesidades de inmediato sin necesidad de una conversación prolongada. Del mismo modo, si ves que los miembros de tu tribu se ven felices, puedes relajarte sabiendo que todas las necesidades han sido satisfechas.

Por supuesto, estas emociones también traen consigo la capacidad de empatizar con los demás. Empatizar es entender y sentir las emociones del otro como si tú mismo las estuvieras pasando en ese momento. Para la comunicación más eficiente entre las personas, debe poder sentir cómo se sienten. Esto te motiva a aliviar el dolor y el sufrimiento de tus seres queridos.

Entendiendo la Inteligencia Emocional

La inteligencia emocional es su capacidad para comprender las emociones, tanto las propias como las de otras personas, así como la capacidad de influir en esas emociones. Al comprender y estar en sintonía con tus propias emociones, puedes practicar la empatía, lo que te permite comprender las emociones de otras personas. Entre conocer las propias y las emociones de quienes te rodean, eres capaz de comprender mejor cómo tus propios comportamientos influyen en otras personas. Cuando comprendes cómo tu comportamiento influye en otras personas, puedes comenzar a influir en el comportamiento de los demás de manera beneficiosa. Puedes cambiar tus propias reacciones para reducir las situaciones o convencer a las personas para que hagan lo que te gustaría que hicieran.

Marco de Inteligencia Emocional

La inteligencia emocional se suele dividir en cuatro dominios o cuadrantes distintos. Cuando los cuatro cuadrantes se unen, se crea una persona emocionalmente inteligente. Esto proporciona cuatro rasgos distintivos que comprenden la inteligencia emocional y proporciona habilidades distintivas que pueden fortalecerse para aumentar el EQ. Estas cuatro habilidades son:

- Conciencia de ti mismo
- Autogestión
- Conciencia social
- Gestión de relaciones

Estas cuatro habilidades se complementan entre sí, comenzando con la autoconciencia.

- **La autoconciencia** implica comprender sus propias emociones en su esencia. Aquellos que son fuertes en la autoconciencia tienen confianza en sí mismos, reconocen sus propias debilidades, pueden etiquetar y comprender con precisión sus estados emocionales actuales y pueden reconocer cómo otras personas o estímulos externos influyen en sus estados emocionales actuales. También crea una base para la inteligencia emocional. Si no puedes realizar las tareas más básicas, comprender tus propias emociones, tienes pocas esperanzas de poder manejar tus propias emociones o comprender las emociones de los demás. La autoconciencia afecta tanto a la autogestión como a la conciencia social. Si tu autoconciencia es baja, existe una buena posibilidad de que las habilidades de autogestión y conciencia social también se vean atrofiadas.

- **El autocontrol** implica controlar tus pensamientos, sentimientos y comportamientos. Aquellos con habilidades de autocontrol más sólidas muestran una moderación considerable y pueden sentir sus emociones sin actuar sobre ellas. Ellos entienden. la diferencia entre sus sentimientos y ellos mismos, y por eso saben que actuar de acuerdo con caprichos tan impredecibles sería perjudicial para ellos y sus relaciones. En su lugar, anulan sus impulsos emocionales con la racionalidad. Con frecuencia son flexibles y dignos de confianza y están dispuestos a tomar la iniciativa para cambiar las cosas si creen que es lo mejor para ellos. Las personas con altos niveles de autogestión son capaces de utilizar esas habilidades, junto con la conciencia social, para desarrollar mejores niveles de gestión social.

- **La conciencia social** implica comprender los deseos y necesidades de otras personas. Implica un alto grado de autoconciencia junto con empatía para desarrollar una alta conciencia social. Las personas con altos niveles de conciencia social pueden saber de un vistazo cómo les está yendo a los que les rodean, especialmente a las personas que conocen bastante bien, y pueden reconocer cómo sus propios comportamientos influyen en los estados emocionales de otras personas. Por lo general, están bastante orientados al servicio, lo que significa que dan prioridad a las necesidades emocionales de otras personas siempre que sea posible. Suelen ser carismáticos y apreciados por sus habilidades, y la gente naturalmente se siente atraída por ellos. Altos niveles de conciencia social crean una base para la gestión de relaciones.

- **La gestión de relaciones** implica poder influir en otras personas. Aquellos con altas habilidades de gestión de relaciones son los líderes definitivos. Son carismáticos, inspiradores e influyentes. Son hábiles para disolver conflictos y, con frecuencia, son los catalizadores del cambio en el mundo que los rodea. Suelen priorizar las necesidades del grupo y puede influir en aquellas a su alrededor para hacerlo también. Estas personas pueden reconocer cómo armar mejor los equipos de manera que sacan lo mejor de cada uno y animan, envejecen y fortalecen los lazos entre quienes los rodean a ellos.

Cociente de Inteligencia Emocional

En última instancia, la inteligencia emocional se cuantifica con un cociente de inteligencia emocional o EQ. Piensa en esto como el coeficiente intelectual de la inteligencia emocional: permite una representación numérica de algo que de otro modo sería imposible de medir. No existen formas naturales de identificar o probar el EQ de la misma manera que puede analizar los recuentos sanguíneos u otros valores físicos, por lo que se desarrolló uno. A través de una serie de pruebas y preguntas destinadas a identificar y calificar los dominios de la inteligencia emocional, nació la capacidad de cuantificar EQ. Aquellos que quieran ver cuál es su EQ deben tomar una prueba autoinformada, de la cual no hay escasez. Hay muchos lugares donde puede realizar estas pruebas, tanto en línea como en otros libros sobre el tema.

A través de la puntuación de los diversos dominios de la inteligencia emocional, las personas pueden ver dónde caen sus puntuaciones en relación con otras personas. Son capaces de comprender mejor sus debilidades y fortalezas en situaciones sociales, lo que puede resultar invaluable. Afortunadamente para aquellos que obtienen una puntuación baja en este tipo de pruebas, EQ es algo que se puede fortalecer y aumentar con el tiempo. A través del esfuerzo y la dedicación, puedes subir tu puntuación trabajando en tus dominios más débiles en tu EQ y usando tus dominios más fuertes para ayudar a traer los más débiles.

¿Por qué importa la inteligencia emocional?

Ahora, puede que te estés preguntando por qué todo esto es importante. ¿A quién le importa cuál es tu puntuación de inteligencia emocional? ¿Por qué es importante y cómo es relevante para criar a un niño o para tener éxito? ¿Es realmente tan relevante para tu trabajo? Después de todo, ¿no es la racionalidad la parte más importante de navegar por la vida? A quién le importa cuáles son los estados emocionales. Las emociones y la inteligencia emocional son, de hecho, increíblemente importantes, tanto para ti como para los niños que estás criando.

Teniendo en cuenta que las emociones juegan un papel importante en la vida de todos, no debería sorprender que la inteligencia emocional también sea increíblemente importante. Comprender tus propias emociones es crucial para controlarlas y mantener ese delicado equilibrio entre lo emocional y lo racional que maximizará tus posibilidades de éxito. Aquellos que son emocionales son más impulsivos y se dejan influir fácilmente. Aquellos que van en la otra dirección y están demasiado arraigados en la racionalidad comienzan a perder tu capacidad de empatía o de preocuparte por lo que los demás quieren, necesitan o piensan. Comienzan a creer que el fin justifica los medios, aunque cuando se trata de la humanidad, las personas no deben ser vistas simplemente como un medio.

Además, las personas con EQS alto tienden a tener más éxito y son más felices que sus pares con EQ más bajo.

Las personas que los rodean prefieren su tacto y gracia, mientras que aquellos con un EQ más bajo, incapaces de controlar sus propias emociones, generalmente no son una compañía de elección. Las personas con un IQ más alto, más capaces de resolver conflictos, controlar sus propias emociones y reconocer las necesidades emocionales de quienes las rodean, suelen ser mucho más felices en todo tipo de relaciones, profesionales y personales. La gente ama a los que son empáticos y conscientes de sí mismos, y cuanto mayor sea el EQ, por lo general, más empático y consciente de sí mismo se vuelve.

Los lugares de trabajo incluso suelen hacer preguntas para determinar EQ al entrevistar a posibles empleados. Las preguntas sobre el manejo de conflictos, la desactivación de situaciones tensas y las fortalezas y debilidades son comunes hoy en día en las entrevistas, ya que se ha descubierto que aquellos con EQ más altos suelen ser mejores empleados.

Están más interesados en trabajar en equipo que aquellos con EQ más bajos, lo que conduce a una mejor moral y productividad del equipo.

En términos de crianza, pregúntate cómo puedes criar a un niño para que sea emocionalmente inteligente si tú mismo careces del EQ necesario para hacerlo. Si no puedes identificar y controlar tus propias emociones, ¿puedes realmente guiar a tu hijo para que lo haga?

Si careces de la empatía necesaria para reconocer cuándo tu hijo está pasando por un momento difícil y ayudarlo a resolver los problemas, ¿realmente puedes esperar que tu hijo aprenda a regular los estados emocionales? Si no puedes resolver tus propios conflictos con tu hijo, ¿puedes enseñarle a tu hijo a resolver conflictos o problemas por su cuenta?

La respuesta a todo lo anterior es no.

Si tu, el mayor maestro de tu hijo en la vida, no puedes manejar apropiadamente vivir de una manera emocionalmente inteligente, entonces no puedes esperar de manera realista que tus hijos lo hagan. Tus hijos te buscan para que los guíes y desarrolles tus métodos para manejar los conflictos, el estrés y sus propias emociones. Para ser el maestro que tus hijos necesitan para tener éxito, debes tener una gran cantidad de tu propio EQ. Si necesitas ver este ejemplo nuevamente, consulta la introducción de este libro. El padre con un IQ más bajo luchó para lidiar con el niño rebelde, mientras que el padre con un EQ más alto pudo detener rápida y eficientemente la rabieta mientras la convertía en una oportunidad de aprendizaje para el niño.

Los niños necesitan tener comportamientos de alto EQ modelados a su alrededor para desarrollarlos. Necesitan ver a sus padres usando habilidades para resolver problemas y reconociendo sus emociones si esperan hacer lo mismo.

Casi siempre emularán lo que ven a su alrededor, y por esa razón, debe tratar de desarrollar su propio EQ alto para mejorar la vida y las posibilidades de éxito de sus hijos. Tanto tú como tus hijos serán más felices si lo haces.

Los cinco atributos de la inteligencia emocional

Se identificaron cinco habilidades clave dentro de la inteligencia emocional o EQ:

Autoconocimiento: La habilidad para comprender tus propias emociones. Tener autoconocimiento significa entender tus fortalezas personales, debilidades, valores, metas y el impacto en los demás.

Autorregulación: La habilidad de regular tus emociones. En lugar de actuar impulsivamente, los líderes con una alta autorregulación son capaces de detenerse y examinar sus emociones antes de reaccionar.

¿Cómo Se Desarrolla La Inteligencia Emocional?

Con una comprensión de lo que es la inteligencia emocional. Es posible que te preguntes cómo se desarrolla con el tiempo. Todo comienza en la primera infancia. El desarrollo de EQ comienza con las primeras interacciones con tu hijo y continúa a lo largo de la vida, cambiando constantemente a medida que crece y se desarrolla como persona. En última instancia, también se puede fortalecer y desarrollar como un músculo, en lugar de ser un valor fijo.

Desarrollo natural de EQ

A lo largo de tu vida, tu EQ se ve afectado. Se desarrolla a medida que creces y tu cerebro se desarrolla y, en última instancia, el EQ que desarrollas cuando terminas la adolescencia se convierte en el EQ habitual que utilizas durante la edad adulta, donde es más o menos estable a menos que hagas esfuerzos conscientes para alterar tu mente. comportamiento. En cada una de las etapas del desarrollo, los primeros años, la niñez, la adolescencia y la edad adulta, se modela y aprende más.

Los primeros años

El desarrollo de EQ comienza cuando el bebé está recién salido del útero. En los primeros días, desde la infancia, tu conversación sobre las emociones con tu hijo le ayuda a captar los conceptos de lo que está sintiendo y le permite ponerles un nombre. Tu atención a tu hijo cuando está necesitado modela la empatía, enseñándole a considerar las necesidades de otras personas. Cuidar a tu hijo en los primeros días y asegurarte de que tu hijo tenga un entorno seguro y consistente es crucial para crear la base para la inteligencia emocional.

· · ·

El primer año de vida de un niño implica aprender a calmarse a sí mismo. Los niños comienzan a reconocer que tienen emociones a medida que se acercan al año de edad, y comienzan a experimentar con esas emociones y cómo se comunican, como el llanto fingido para llamar la atención.

Entre las edades de 1 y 2,5 años, los niños se vuelven más conscientes de sí mismos en general. Reconocen que tienen respuestas emocionales.

Los niños en este rango de edad se sienten felices y orgullosos cuando los elogian, o parecen culpables cuando los avergüenzan o sienten que han decepcionado a sus padres. Están comenzando a aprender las palabras asociadas con las emociones y comienzan a mostrar signos de desarrollar empatía, como se observa al imitar rostros o parecer preocupados cuando alguien más está llorando.

Durante los años preescolares, de 2 a 5 años, los niños comienzan a intentar regular sus emociones, comenzando su viaje hacia el desarrollo de la autogestión. Pueden taparse los ojos o los oídos ante un estímulo que no quieren ver, y comienzan a comunicar sus estados emocionales con más asiduidad, prestando atención también a los sentimientos de los demás. También comienzan a desarrollar un juego, juegan con cómo las emociones y las palabras pueden tener un impacto en otras personas, y comienzan a mostrar un comportamiento comprensivo. Un niño con un emparedado puede compartir la mitad con un niño sin comida u ofrecer un abrazo y una palabra amable a un compañero que está molesto, lo que muestra el comienzo del desarrollo de la conciencia social y el manejo de las relaciones.

Infancia

En los primeros años de la escuela primaria, entre los 5 y los 7 años, los niños se motivan más para regular las emociones que considerarían tímidas, como la vergüenza.

Están comenzando a trabajar en el desarrollo de mecanismos de resolución de problemas y afrontamiento, aunque todavía recurren con frecuencia a sus padres en busca de ayuda. Están interesados en ser vistos como tranquilos o en control con sus compañeros y se esfuerzan mucho para evitar llorar o mostrar otras manifestaciones fuertes de ira, tristeza o miedo. También están comenzando a mejorar en invertir más en las emociones de otras personas y practicar más el manejo de las relaciones y la conciencia social.

La infancia intermedia, que va desde los 7 a los 10 años, marca el momento en que los niños comienzan a distanciarse. Evitan las cosas que les desagradan o que les preocupan, mientras siguen trabajando para hacer frente a las emociones fuertes y desarrollar habilidades de resolución de problemas que serán necesarias para el manejo de las relaciones. A esta edad, los niños comenzarán a tratar de manejar las relaciones, como sonreír a un amigo mientras expresan su desaprobación o algo por lo que están molestos para asegurarse de que su amigo no crea que ya no le agradan. También comienzan a reconocer que pueden sentir más de una emoción a la vez, especialmente en el contexto de otras personas, como sentirse feliz de ver a un amigo, pero molesto porque el amigo hizo algo que lo molestó, y ellos buscan usar la información que conocen sobre otras personas para ayudar a desarrollar amistades o relaciones, fomentando la conciencia social y las habilidades de manejo de relaciones.

. . .

La preadolescencia, que va desde los 10 a los 13 años, implica un gran cambio en la conciencia emocional. Comienzan a ver el mundo de manera más realista que los ojos inocentes e ingenuos de un niño pequeño, y usan su comprensión del mundo para ayudarse a sobrellevar el estrés o el conflicto. Por lo general, son capaces de desarrollar múltiples soluciones a los problemas, lo que fomenta la flexibilidad. También comienzan a comprender la diferencia entre expresarse genuinamente con sus amigos y cómo manejan sus emociones con otras personas. Pueden acercarse a su amigo para desahogar su ira y frustración, pero para quienes los rodean, puede parecer que no pasa nada. Son capaces de reconocer roles sociales, como reconocer varias relaciones interpersonales, y comienzan a desarrollar una idea de cómo funcionan esos roles, que es otro aspecto crucial de la gestión de relaciones.

Adolescencia

En la adolescencia, desde los 13 años hasta la edad adulta, los niños se vuelven mucho más conscientes de la naturaleza cíclica de sus emociones. Ven cómo pueden sentirse enojados con un amigo, pero luego se sienten culpables por sentirse enojados, y ese tipo de percepción es un motivador para manejar las relaciones y resolver problemas con el tacto. Los adolescentes también comienzan a comprender sus propios valores personales y les dan más importancia, especialmente cuando se enfrentan al estrés.

Las personas con énfasis en la lealtad pueden estar dispuestas a tolerar más de un amigo que de otra persona, mientras que alguien que realmente quiere ver lo mejor en las personas puede perdonar rápidamente, pero no olvidar.

Los adolescentes también comienzan a dominar el arte de presentarse a sí mismos en formas que son beneficiosas para ellos, fomentando su habilidad de autocontrol. También reconocen la naturaleza mutua de las relaciones. Ven cómo la comunicación tiene un impacto en ambas personas, y la comunicación efectiva de las emociones es crucial para fortalecer y mantener buenas relaciones con sus amigos. Ven cómo sus propias emociones pueden lastimar a sus amigos y buscan manejar su impacto en quienes los rodean. Al final de la edad adulta, las cuatro habilidades clave de EQ se han desarrollado aproximadamente al nivel que permanecerán en la edad adulta sin la intervención adecuada.

Fortalecimiento del ecualizador

En cualquier momento, EQ se puede fortalecer. Puedes fortalecer el EQ de tus hijos con métodos apropiados para su edad, o puedes fortalecer el tuyo propio a través de una serie de desafíos y cambios de vida destinados a habituar los comportamientos que se unen para crear tu EQ. Estas seis prácticas simples pueden ayudar a desarrollar EQ en personas que sienten la necesidad de promover su propio desarrollo.

Práctica la identificación de todas las emociones y las sensaciones que las acompañan.

La autoconciencia es la base de la inteligencia emocional, y no puedes tener una autoconciencia muy desarrollada si no eres capaz de identificar tus emociones. Si descubres que tienes dificultades para identificar tus emociones, debes practicar para hacerlo. Elévate más allá de sentirte bien o mal; en cambio, busca usar las palabras más vívidas que puedas pensar. Puede ser útil ubicar un cuadro de sentimientos que los autores usan comúnmente para elevar su propia escritura. Si te sientes mal, trata de ponerle un nombre más específico. ¿Estás enojado? ¿Asustado? ¿Triste? Si estás enojado, ¿es frustración? ¿Irritación? ¿Celoso? Del mismo modo, si te sientes bien, ¿es felicidad? ¿Contentamiento? ¿Te sientes emocionado? Si haces que tus emociones sean lo más específicas posible, comenzarás a desarrollar tu capacidad para identificarlas tal como se sienten en tiempo real.

Además de nombrar las emociones que siente, debes asegurarte de identificar cada sensación en tu cuerpo a medida que ocurre. Siente la aceleración de tu pulso junto con el destello de adrenalina corriendo por tus venas cuando tienes miedo y pon nombre a la sensación. Si siente la rabia ardiendo en sus entrañas, junto con la tensión y un ritmo cardíaco acelerado, nombrarlo por lo que es. Si estás temblando incontrolablemente mientras sollozas, nombra ese sentimiento.

Al poner nombres también a las sensaciones físicas, estás consolidando doblemente tu capacidad para poder identificar y comprender tus propias emociones. ¡Este es un buen primer paso! Estás bien encaminado para poder manejar tus emociones una vez que seas capaz de reconocerlas.

. . .

Manejar las emociones negativas

Es fácil dejarte llevar por las emociones en general, aunque las negativas parecen ser mucho más poderosas para influir en nuestro comportamiento. Al aprender a manejar tus emociones, ya no les permite tener esa influencia sobre ti. Si bien es mucho más fácil decirlo que hacerlo, te sentirás mucho mejor si evitas que esas emociones negativas dominen tus reacciones.

Una de las maneras más fáciles de manejar las emociones negativas es crear una pausa entre tus sentimientos y comportamientos. Ya sea que respires profundamente o te tomes unos segundos para contar hasta cuatro, debes crear ese espacio. Al crear un retraso entre la emoción y el comportamiento, puedes dejar pasar el momento más intenso de la emoción, lo que te permite regular mejor tus comportamientos.

Si tu hijo se niega a hacer algo que tu le has pedido, por ejemplo, e inmediatamente siente que la ira se acumula dentro de ti, detente, obligate a respirar profundamente, contenlo mientras cuentas hasta cuatro y luego exhala y actúa de manera que sea productiva en lugar de una manera que solo sirva para exacerbar aún más la situación.

Con el tiempo, este concepto de hacer una pausa antes de actuar se convierte en un hábito, lo que te permite controlar aún más tus emociones a medida que desarrollas la autogestión.

Elige bien tus palabras

El vocabulario lo es todo a la hora de comunicarse con otras personas. Las personas que tienen un EQS más alto generalmente pueden comunicarse de manera más eficiente que aquellas que tienen un EQs más bajo. Son capaces de elegir palabras de manera que puedan ayudar a prevenir y corregir errores de comunicación, y eso permite una acción más inmediata hacia los conflictos. La elección de palabras es el bloque de construcción más básico de la comunicación verbal, y si no puedes comunicarte con eficacia o tacto, tendrás dificultades en las relaciones con otras personas. Cada vez que tengas una interacción que no resulte del todo como esperabas, te tomará un momento para reflexionar sobre la interacción e identificar formas en las que podrías haberte comunicado mejor o más claramente.

Es posible que te sorprendas al ver que incluso modificar tu redacción puede cambiar todo el estado de ánimo de la interacción, especialmente en el contexto de la resolución de conflictos.

Por ejemplo, piensa en cómo reaccionarías si alguien se te acercara y te gritara: "¡Guau, ¿por qué eres tan estúpido?! ¡Ni siquiera pudiste limpiar ese batido que derramaste en el mostrador! ¡Ya está todo seco! No puedo creer que hayas hecho eso; ¡Mira el desastre gigante que voy a tener que limpiar por tu descuido!" Compara esa reacción con la que tendrías si alguien se te acercara tranquilamente y te dijera: "Oye, me siento muy faltado al respeto cuando no limpias arriba después de ti mismo. Me hace sentir que no se valora mi propio tiempo, especialmente cuando me toma tanto tiempo limpiarlo después de que se ha sentado por un tiempo. ¿Puedes ser más consciente de tus desastres y asegurarte de limpiarlos tan pronto como sucedan?"

. . .

Mire las diferencias clave en estas interacciones, una se trata de que el individuo enojado lo culpe, mientras que la otra se enfoca en los propios sentimientos del individuo. El que gritó probablemente lo pondría inmediatamente a la defensiva, ya que de repente se siente atacado y desafiado. Por otro lado, la respuesta más tranquila se centró en cómo sus acciones impactaron a la otra persona y cómo la hizo sentir, junto con una simple solicitud para asegurarse de que no vuelva a suceder. Si bien aún es incómodo ser desafiado directamente, no estás siendo atacado de ninguna manera. El intercambio es tranquilo, fáctico y dirigido hacia la otra persona en lugar de hacia ti, lo que significa que no sientes la necesidad desesperada de defenderte.

Ahora, imagina si tomas ese concepto y lo proyectas en otro lugar. Te estarías enfocando en un lenguaje positivo, eligiendo cuidadosamente tus palabras para obtener los resultados que deseas sin conflicto. Piensa en lo felices que serían tu y quienes te rodean si pudieran resolver el conflicto comunicándose de manera eficiente. Sería capaz de calmar inmediatamente las situaciones difíciles sin que exploten en la cara de todos, y esa habilidad por sí sola es invaluable.

. . .

Practica respuestas empáticas

La empatía es la capacidad de sentir y comprender las emociones de quienes te rodean. Cuando empatizas con alguien, sientes tus emociones tan intensa y profundamente que es como si tú mismo estuvieras pasando por la misma situación. Es tu capacidad para relacionarte íntimamente con las experiencias de otros y proporciona la retroalimentación necesaria para tener una comunicación no verbal de emociones sin fisuras. Al ser capaz de mirar a alguien y sentir lo que siente por poder relacionarte con él, podrás ayudar a satisfacer sus necesidades y cuidar de ellos.

Esta es también una señal importante que te permite saber cuándo te estás excediendo o estás haciendo algo que es dañino o molesto para la otra persona, lo que te permite identificar que debes dar un paso atrás y relajarte en la situación actual.

Puedes practicar la empatía identificando los sentimientos de quienes te rodean y también imaginándote en sus zapatos. Si tienes un compañero de trabajo con el que has estado trabajando y de repente se ha vuelto bastante difícil estar con él, es posible que te preguntes qué está sucediendo en tu vida para causar tantos problemas en los últimos tiempos, y puedes darte cuenta el impacto que tuvo tener que poner a dormir al perro no hace mucho tiempo. Imaginar lo que sucedería si tuvieras que sacrificar a tu amada mascota te permite ver más en la posición de tu compañero de trabajo y comienzas a sentir lo que siente tu compañero de trabajo. Comprende cuán profundamente le impactaría sacrificar a tu perro y comienzas a comprender por qué tu compañero de trabajo tiene mal genio. Reconocer la situación te permite responder con calma y racionalmente con compasión a la situación. Puedes ser un poco más paciente con ella, entendiendo hasta cierto punto por lo que estás pasando.

Conoce tus desencadenantes

Los desencadenantes emocionales son las cosas que tienden a desencadenarnos. Por lo general, estos estímulos están relacionados con algo molesto y, a veces, están conectados con algo que recuerda a un evento traumático. Cualquiera que sea el desencadenante, a menudo van seguidos de respuestas intensas y desproporcionadas a estímulos que se consideran injustificados. Alguien que se irrita fácilmente al sentirse criticado puede gritar y gritar cuando alguien expresa que hizo algo mal mientras sugiere amablemente una forma de corregir el error. La persona que ha sido provocada es incapaz de controlar su reacción y arremete en su volatilidad emocional.

Aprender a identificar sus desencadenantes te permitirá reconocer cuándo puedes estar enfrentando un arrebato pronto, o te permitirá evitar la situación por completo. Si sabes que ser criticado es un desencadenante emocional para ti, puedes tomar medidas para mantener la calma cuando sepas que se avecinan críticas, como cuando asistes a una revisión anual del trabajo. Del mismo modo, en la crianza de los hijos, si sabes que tu niño pequeño grita la palabra "¡NO!" hacia ti, tiende a enviar tu presión arterial disparada, y sabes que es un desencadenante común para ti, puedes reconocer lo que está sucediendo una vez que hayas identificado la palabra o desafío como tú desencadenante. Cuando eres consciente de que está ocurriendo, puedes controlarlo mejor, recordándote que explotar no será propicio para la crianza de los hijos y no mejorará la situación.

. . .

No te rindas ante la adversidad

Recuerda, todos enfrentan desafíos o adversidades en algún momento. Puede ser difícil lidiar con estos desafíos, pero a pesar de eso, debes perseverar. Tus reacciones a estos desafíos son una valiosa experiencia de aprendizaje, incluso si reaccionas mal. Recuerda que incluso cuando cometes un error, o eres víctima de tus desencadenantes emocionales, o explotas un conflicto, puedes corregir ese error. No te quejes y déjate convertir en víctima; en su lugar, busca formas en las que puedas aprender a evitar ese error en el futuro.

Después de cometer un error, hazte preguntas sobre lo que sucedió para comprender mejor la situación. Mantente pensando positivamente, recordándote que cada experiencia tiene valor, sin importar lo mal que haya ido, y puedes prepararte para el éxito en el futuro. Recuerda que el fracaso no es permanente. Puedes continuar construyendo sobre él para esforzarse hacia el éxito.

Considera si tu hijo gritando no ha desencadenado sus propias emociones negativas, y en el calor del momento, le gritaste a tu hijo que te escuchara. Inmediatamente después de gritar, tu ves la mirada de pánico en tu hijo, seguido por tu hijo corriendo y llorando histéricamente. En general, esta situación parece un gran fracaso, pero ten en cuenta que puedes quitarle conocimiento a cualquier cosa.

Recuerda que te equivocaste, pero puede convertirse en una experiencia de aprendizaje, tanto para ti como para tu hijo.

Puedes ir y disculparte con tu hijo, diciéndole que a veces, incluso mamá o papá hacen algo de lo que se arrepienten con enojo, pero no está bien, y es importante disculparse después de lastimar a alguien. Ahora también tienes esa imagen de tu hijo temeroso de ti en ese momento para recordarte que debes mantener la calma en el futuro.

PARTE II

Inteligencia Emocional Y La Crianza

3

Criar Niños Emocionalmente Inteligentes

La inteligencia emocional es importante en todos los aspectos de la vida, y aunque los niños desarrollan cierto grado de EQ por sí mismos, con frecuencia, los mayores influenciadores de su EQ son sus padres. Aprenden los fundamentos de la inteligencia emocional de sus padres, mientras que el resto se formula mediante interacciones con sus compañeros. Los niños y adolescentes con un EQS más alto suelen ser más felices y están mejor adaptados que sus compañeros con un EQ más bajo. Son más hábiles para manejar situaciones sociales complejas y resolver conflictos sin escalarlos, y por lo general son mucho mejores para manejar y mantener sus amistades.

Criar a un niño emocionalmente inteligente

· · ·

En el contexto de este apartado, se entenderá por niño todo niño menor de edad desde la infancia hasta la preadolescencia, diferenciándolos de los jóvenes o adolescentes. En este rango de edad es donde se desarrollan la gran mayoría de los fundamentos de la inteligencia emocional, y se encuentran entre las edades más cruciales. Es importante comprender lo que puede hacer para ayudar a tu hijo a desarrollar una buena cantidad de inteligencia emocional.

¿Cómo fomentar la inteligencia emocional en un niño?

Sonríe con frecuencia: Debes sonreír a tu hijo con regularidad. Este es el comienzo de enseñar a tu hijo a leer el lenguaje corporal y también a actuar para enseñar empatía.

Cuida a tu hijo: al atender las necesidades de tu hijo, le estás enseñando a anteponer las necesidades de los demás a las suyas propias, especialmente cuando la otra persona no puede satisfacer sus necesidades por sí misma. Tu hijo aprende que tú lo apoyas y que se puede confiar en ti. Estos son comportamientos que buscará emular más adelante en la vida.

Explica por qué dices que no: Ofrece explicaciones apropiadas para la edad cuando corrijas el comportamiento, con énfasis en cómo el comportamiento de tu hijo afecta a los demás.

Si bien tu hijo aún es bastante pequeño y no puede comprender completamente lo que estás diciendo, construye una base. Se empiezan a aprender las lecciones y se desarrolla el vocabulario necesario para ser emocionalmente inteligente. Por ejemplo, si tu niño pequeño te golpea, dile con mucha suavidad pero con firmeza: "No, no golpeamos a otras personas. Les duele y los entristece. Las manos son para abrazar o chocar los cinco". En ese breve diálogo, estableciste un límite, explicaste el motivo del límite, explicaste cómo el comportamiento de tu hijo dañaría a otras personas y ofreciste una alternativa aceptable al comportamiento.

Escucha atentamente: tu hijo siempre debe sentir que la comunicación entre ustedes dos es abierta. Necesita poder escuchar y entender realmente a tu hijo cuando tu hijo se acerque a ti, no importa cuál sea el tema. Esto enseña la importancia de la comunicación eficiente, y tu hijo necesitará esas habilidades en la edad adulta.

Nombra los sentimientos a medida que surgen: comenzando a una edad temprana, nombra los sentimientos específicos a medida que los sientes. Esto le enseña a tu hijo a identificar los sentimientos a medida que se desarrolla el lenguaje, especialmente en la infancia y en los primeros años de la niñez. Esta base es uno de los componentes básicos más importantes para criar a un niño emocionalmente inteligente.

Trabaja en la resolución de problemas: cuando tu hijo se sienta atascado en algo, en lugar de precipitarte para ayudar, trata de guiarlo a través de lo que crees que debe hacer para resolver su problema por sí mismo. Hazle preguntas que lo orientarán en la dirección correcta mientras lo dejas libre para identificar la solución por sí mismo sin tu opinión.

Modela la empatía: Recuerda, es probable que tu hijo no desarrolle mucha empatía si nunca se le muestra empatía. Al guiar a tu hijo a través de los pasos de la empatía y abordar siempre las situaciones que involucran a tu hijo con empatía, le enseña a tu hijo a considerar también los estados emocionales de los demás. Tu hijo te verá reconocer tus sentimientos y emular ese comportamiento con los demás.

Modela cómo lidiar con los sentimientos negativos: También es importante modelar los sentimientos negativos para tu hijo. Si estás triste y llorando frente a tu hijo, ¡está bien! Conviértelo en una experiencia de aprendizaje y explica que la gente llora cuando está triste. Si estás enojado, respira hondo y cálmate antes de explicarle que estás enojado y por qué te sientes así. Al modelar estas emociones negativas, le estás mostrando a tu hijo que incluso fuerte; las emociones negativas se pueden manejar y trabajar. Esta es una lección que tu hijo aprenderá e internalizará, y le será muy útil.

Señales de que tu hijo necesita apoyo adicional para el aprendizaje de la inteligencia emocional

. . .

Tu hijo se frustra fácilmente: Los niños que luchan con la inteligencia emocional por lo general se frustran fácilmente. Si tu hijo parece estallar ante la menor provocación, como que no le corten el emparedado a la perfección para el almuerzo, o que grite porque accidentalmente chocó con él, es posible que estés luchando con la regulación emocional.

Tu hijo con frecuencia se da por vencido cuando se enfrenta a un problema: A menudo, los niños que no pueden autogestionarse se sienten frustrados cuando surge un problema. No tienen la flexibilidad para pensar en el problema y descubrir la mejor manera de resolverlo y, en cambio, se dan por vencidos. No ven ninguna razón para intentarlo cuando están seguros de que fallarán de todos modos, aunque el aprendizaje se logra en parte al no tener éxito.

Tu hijo es propenso a gritar: si tu hijo a menudo recurre a gritar cuando está enojado o molesto, es posible que muestre signos de baja inteligencia emocional. Los niños que gritan a menudo lo hacen porque no saben cómo comunicarse correctamente con los demás, y parece ser la única opción para ellos ser escuchados.

· · ·

Tu hijo piensa y habla negativamente: Los niños con un EQS bajo suelen estar muy concentrados en lo negativo. Es posible que hablen con desánimo de que el juego de las piezas que se arman y desarman con el que lucharon es estúpido, o que de todos modos no les gusta la pizza cuando les dicen que no pueden comerla para la cena. En lugar de ser capaces de hacer frente a sus sentimientos negativos, permiten que la negatividad lo coloree todo.

A tu hijo le cuesta pedir ayuda: los niños que luchan con EQ a menudo no piden ayuda, o cuando lo hacen, no lo hacen de la mejor manera posible. Tienen dificultades con la comunicación y, debido a eso, no pueden transmitir claramente que necesitan ayuda o apoyo adicional, ya sea emocional o con el trabajo escolar o las tareas del hogar.

Tu hijo tiene dificultades para hacer amigos y mantener relaciones: los niños que tienen dificultades con la inteligencia emocional generalmente también tienen dificultades para mantener relaciones con otros niños. Si notas que tu hijo tiene dificultades para hacer amigos, o que los demás lo dejan de lado con frecuencia, especialmente si también hay otros signos de baja inteligencia emocional, es posible que tu hijo necesite ayuda y apoyo adicionales para navegar situaciones sociales.

Criar a un adolescente emocionalmente inteligente

Los adolescentes son un poco más difíciles de influenciar que los niños debido a la naturaleza de la adolescencia. Los adolescentes buscan poner la mayor distancia posible entre ellos y sus padres mientras se preparan para dejar el nido y debutar en la edad adulta. Sus cuerpos están pasando por un intenso cambio hormonal de un niño a un adulto capaz de reproducirse, y esas hormonas crean sentimientos intensos que pueden ser difíciles de manejar. Además, los adolescentes también sienten la presión de los compañeros y la timidez mientras luchan por encontrar su lugar en la sociedad. Con algunos consejos en mente, puede ayudar a fomentar la inteligencia emocional antes de que tu hijo abandone el nido para siempre. Recuerda, todos los consejos para criar niños emocionalmente inteligentes también se aplican a los adolescentes.

· · ·

¿Cómo fomentar la inteligencia emocional en un adolescente?

Haz preguntas orientadoras: Recuerda, los adolescentes se rebelan y hacen exactamente lo contrario de lo que dicen sus padres. Los adolescentes quieren hacer las cosas a su manera, ¡y eso está bien! Es una parte normal del crecimiento y la separación de los padres. Sin embargo, esto significa que no puedes simplemente decirle al adolescente cómo hacer algo, especialmente cuando se trata de conflictos o relaciones con quienes lo rodean. En su lugar, trata de hacer preguntas orientadoras para guiar suavemente al adolescente a la respuesta por su cuenta.

Si tu hijo está molesto por una interacción con un amigo, puedes intentar preguntar: "¿Qué sentirías si tu amigo te tratara así?" o "¿Qué te gustaría que hiciera la otra persona si se invirtieran los roles?"

A veces, los adolescentes están pensando en las cosas de una manera egocéntrica y necesitan ese pequeño empujón adicional para empezar a pensar en cómo otras personas pueden ver su comportamiento. Los adolescentes, en general, no quieren sentirse avergonzados o cohibidos en absoluto, y una vez que los hagas pensar en cómo responderían si alguien más hiciera lo mismo, es posible que vean el error en sus formas sin necesitar señalarlos abiertamente.

El juego "Quizás": El juego "Quizás" implica comprender por qué los demás hacen lo que hacen. Si ves a alguien fuera de casa que está de mal humor, cada miembro de la familia debe sugerir una posible razón para el mal humor. Por ejemplo, si ve a alguien despotricando y delirando con un gerente acerca de que su comida no estuvo del todo bien y exige un reembolso cuando su familia sale a cenar, haz que cada persona se tome un momento para sugerir por qué está de tan mal humor. "Tal vez se está divorciando". "Tal vez solo perdió a alguien cercano a él".

"Tal vez lo acaban de despedir". "Tal vez es su cumpleaños y no tiene con quién pasarlo". "Tal vez se metió en un accidente automovilístico".

Esto comienza a solidificar en tu adolescente los hábitos de tratar de comprender el contexto de las emociones en lugar de solo ver las emociones en sí mismas. Cuando eres capaz de entender el qué y el por qué detrás de las emociones en otras personas, estás desarrollando habilidades de empatía, y esta es una oportunidad fantástica para los adolescentes. A medida que se habitúe, es más probable que el adolescente traiga esas habilidades a los conflictos interpersonales con amigos, y en lugar de enojarse o molestarse cuando un amigo está molesto o irritable, tu adolescente podrá detenerse y comenzar a descubrir por qué las emociones se desencadenan tan alto como ellos.

Elogia el comportamiento que muestre una gran inteligencia emocional: Al igual que con los niños más pequeños, a los adolescentes les encanta que los elogien. Es posible que actúen avergonzados por eso en este momento, pero reconocer que a tu hijo le está yendo bien refuerza el buen comportamiento. Si tu adolescente reconoce sus sentimientos cuando te confronta por no lavar los platos, debes elogiar el acto de reconocer sus sentimientos. Si tu hijo adolescente resuelve un conflicto con sus hermanos de manera constructiva, elógialo. Hazle saber a tu adolescente que lo estás observando y que ves cuánto esfuerzo está poniendo en comportarse de manera considerada. Él lo apreciará.

. . .

Sé empático: Modelar una buena inteligencia emocional no termina cuando tu hijo llega a la adolescencia.

Mostrar empatía a tu adolescente, y especialmente con tu adolescente alrededor, le enseña a identificar las emociones de otras personas. Si él ve que te esfuerzas por entender cómo otras personas realmente sienten, aprenderá que eso es una parte importante de las interacciones sociales.

Si tu hijo adolescente está molesto por una ruptura, por ejemplo, puedes hacer un punto para ir con tu hijo adolescente y contarle sobre la primera vez que rompió con alguien y cuánto le dolió. Etiqueta tus sentimientos, hazle saber que puede ver lo molesta que está y demuéstrale que está allí para ella si quiere hablar o si lo que necesita es una pinta de helado y algunas películas para ver.

Presta atención a las señales de que tu adolescente está teniendo dificultades: tú conoces a tu adolescente mejor que nadie, aunque no siempre se sienta así. Debes prestar atención a los cambios de comportamiento o señales de que tu hijo adolescente está luchando para sobrellevar la situación de una manera emocionalmente sana. Si ves señales de que tu hijo adolescente está teniendo dificultades, no intentes explicarlo como un problema de una sola vez y, en su lugar, trata de abordar el problema. Por ejemplo, si notas que tu hijo adolescente está poniendo un énfasis adicional en las redes sociales, obsesionado con ellas y tratando de verse listo para tomarse una foto en todo momento, es posible que desees intervenir.

Poner toda tu energía en una cosa puede convertirse en un problema si no se aborda, y aunque los adolescentes se deleitan con la atención, pueden entrar en las redes sociales, poniendo todo tu sentido de autoestima en la cantidad de Me gusta, acciones o seguidores que obtienen.

Si el maestro de tu hijo también se acerca a ti con inquietudes sobre el comportamiento, es importante que prestes atención y hagas un seguimiento. Si tu hijo tiene dificultades en la escuela, donde es probable que tú no veas, tu hijo puede necesitar más apoyo del que puede ofrecerte, y puede ser el momento de considerar la participación de un profesional.

. . .

Evita trivializar los sentimientos de tu hijo adolescente: como adulto que está alejado de la mayoría de las situaciones dentro de la vida social de tu hijo adolescente, puedes identificar rápidamente cuándo sientes que tu hijo adolescente está siendo melodramático o exagerando un problema. Si bien la solución puede ser clara para ti, recuerda que no necesariamente es tan clara para tu hijo adolescente. No ignores los sentimientos de tu adolescente como ilegítimos o irracionales. Recuerda, las emociones son lo opuesto a la racionalidad, y no tienen por qué tener sentido; sólo tienen que ser reconocidos. Asegúrate de no invalidar los sentimientos de tu adolescente.

Trivializar los sentimientos de tu adolescente no es empático y no ayuda a tu adolescente a aprender a reconocer y manejar sus propios sentimientos. En cambio, le enseña que tus emociones deben ser ignoradas o rechazadas, lo que solo sirve para empeorar las situaciones. Las emociones son importantes y deben reconocerse y legitimarse, sin importar cuánto tú, como tercero, puedas ver que no están necesariamente justificadas en la medida en que se sienten. Luchar por regular la intensidad de las emociones es un signo de inteligencia emocional más baja, y aprender a regularlas es una habilidad que requiere práctica. Eso solo se puede practicar viviendo las emociones más fuertes y aprendiendo habilidades de afrontamiento que funcionan para el individuo.

Busca terapia si es necesario: si todo lo demás falla y sientes que tu adolescente está luchando para sobrellevar la situación o desarrollar niveles apropiados de inteligencia emocional, buscar un profesional capacitado para guiar a los adolescentes a través del proceso es una opción aceptable. La terapia es beneficiosa para casi todos y puede enseñarle a tu hijo algunos mecanismos de afrontamiento muy importantes que durarán toda la vida. Si este paso es necesario para tu adolescente, comienza hablando con tu médico de atención primaria para obtener una remisión.

Señales de que tu adolescente necesita apoyo adicional para aprender inteligencia emocional

Tú adolescente no se desempeña bien en la escuela: Los adolescentes con menor EQS luchan en la escuela debido a sus luchas sociales. Pueden retirarse y no hacer el esfuerzo necesario para tener éxito, o pueden tener demasiado miedo de pedir ayuda cuando la necesitan, abrumarse fácilmente y, en cambio, elegir darse por vencidos.

Tu hijo adolescente es demasiado crítico: si tú hijo tiene algún tipo de crítica dura de todo, incluso cuando no es constructivo, puede tener dificultades con su EQ. Es posible que no vea cómo sus palabras impactan a otros, o puede tener dificultades para comunicarse eficientemente en formas que se encontrarían como constructivas. También es propenso a criticar todo como un mecanismo de afrontamiento para luchar en primer lugar.

Tu hijo adolescente acosa a los demás: los adolescentes que tienen menor EQS con frecuencia tienen sus propias frustraciones acumuladas, sintiéndose cohibidos e incomprendidos. Debido a que luchan por identificar o regular sus propios sentimientos, así como la lucha por comprender realmente cómo sus acciones lastiman a los demás, con frecuencia arremeten contra otras personas e incluso pueden intimidar a otros para tratar de sentirse mejor. , o como una reacción impulsiva a sentirse sensible o cohibido.

· · ·

Tú adolescente lucha por controlar la ira: los adolescentes que tienen un EQS más bajo tienden a luchar controlando su ira. Como tener autogestión habilidades es un componente fundamental de la inteligencia emocional, es una debilidad común de aquellos luchando con su EQS.

Tú hijo adolescente constantemente culpa a todos los demás por los problemas: mientras que las personas con un EQ más alto tienden a controlar sus emociones para otorgarles claridad para ver las situaciones de manera racional y ayudar en la resolución de problemas, aquellos con un EQS más bajo tienden a tener problemas con eso. Alguien con un EQ más bajo se ve a sí mismo como una víctima la mayor parte del tiempo, sin reconocer cómo su propia negatividad o falta de comunicación pueden haber contribuido a que las cosas exploten. Tu hijo adolescente puede tener dificultades para ver cómo él o ella está involucrado en situaciones negativas y, en cambio, busca culpar a todos menos a él o ella por el fracaso de las amistades o la explosión de conflictos.

Tú hijo adolescente no puede hacer frente a los cambios de planes: la flexibilidad generalmente es algo natural para las personas con un IQ más alto. Dado que manejan mejor sus emociones, son más capaces de sobrellevar las cosas cuando las cosas van mal, lo que los convierte en personas mucho más flexibles en general.

Cuando tu adolescente tiene problemas con su EQ, es posible que, como resultado, no pueda lidiar con los cambios de manera saludable. Es posible que tu adolescente haya hecho planes con amigos, y cuando un amigo cancela, o el grupo decide hacer algo diferente, la decepción y las emociones negativas pueden volverse abrumadoras para él.

Tú adolescente es negativo y pesimista: Los adolescentes que luchan por autorregularse con frecuencia se encuentran atrapados en un círculo constante de negatividad. Sus sentimientos negativos engendran más negatividad, manteniendo esa mentalidad. Los adolescentes con EQS más bajo tienden a mirar las cosas con pesimismo en lugar de cambiar su mentalidad hacia la positividad, que suele ser mucho más productiva.

. . .

Tú adolescente tiene dificultades para leer el lenguaje corporal: la inteligencia emocional se trata de ser capaz de comprender a otras personas. Las personas con EQS alto son expertas en mirar a una persona y ser capaces de ver exactamente lo que sienten basándose únicamente en el lenguaje corporal. Si tu adolescente parece incapaz de leer su lenguaje corporal o el de otras personas, puede ser una señal de que tiene problemas con la inteligencia emocional.

Tú adolescente se da por vencido fácilmente: las personas que luchan con la inteligencia emocional con frecuencia prefieren darse por vencidos en lugar de seguir intentándolo cuando se enfrentan a la adversidad. Sienten que no pueden hacer frente a los sentimientos negativos que acompañan a la lucha y, en cambio, prefieren darse por vencidos. Renunciar y jugar el papel de víctima es más fácil que luchar para continuar, incluso si rendirse elimina todas las posibilidades de éxito. Tu hijo adolescente puede tener problemas con una pregunta en una tarea asignada y, en lugar de perseverar y tratar de superarla, decide no hacer nada de eso, a pesar de que probablemente habría obtenido una buena calificación en eso.

. . .

Tú hijo adolescente es más conflictivo y discutidor de lo normal: los adolescentes que luchan con la inteligencia emocional suelen ser víctimas de las discusiones.

Incluso si la otra persona se ha desenganchado, es probable que el adolescente con un IQ más bajo siga insistiendo. No pueden aceptar la posibilidad de no tener razón, por mucho que la otra persona les diga que ya terminaron de discutir.

Si tu adolescente siente que tiene que ganar cada discusión, no importa cuán tonto o equivocado haya estado, es posible que necesite trabajar en su EQ.

4

Estilos De Crianza En Relación Con La Inteligencia Emocional

Todos son padres de manera diferente. Hay varios estilos de crianza diferentes para una amplia gama de situaciones, y esos estilos de crianza pueden producir resultados muy diferentes. Cada padre tendrá sus propios métodos, pero desafortunadamente, algunos no son tan beneficiosos para los niños como otros. Ciertos estilos de crianza son absolutamente más propicios para criar niños sanos. Los cuatro tipos de padres en términos de reconocimiento y manejo de las emociones de los niños son desestimación, desaprobación, laissez-faire y entrenamiento emocional. Cada uno de estos tipos de crianza crea diferentes tipos de niños, y de los cuatro, la emoción Los padres que entrenan tienen más probabilidades de crear niños felices, bien adaptados y emocionalmente inteligentes.

. . .

El padre que despide o descarta

Los padres desdeñosos suelen ser propensos a evitar o descartar las emociones de tus hijos siempre que sea posible. Buscan detener las emociones y distraerse de ellas, en lugar de reconocer que deben resolverse. Los padres indiferentes suelen decirles a sus hijos que lo superen cuando se enfrentan a emociones difíciles, lo que implica que los sentimientos del niño no son importantes. Pronto ignorarían las emociones que ayudarían a solucionar el problema. Ven las emociones como un problema, en lugar de una oportunidad para conectar y apoyar a sus hijos, y muchas veces minimizan el evento que lleva a la emoción como si no fuera tan malo.

Por lo general, el padre despectivo dirá cosas como decirle al niño que no hay razón para estar enojado, triste, asustado o cualquier otra cosa que esté sintiendo. El problema con esto es que el niño aprende que no se debe confiar en las emociones, e incluso puede hacer que el niño no pueda confiar en sus propias reacciones viscerales. Si el niño creció diciéndole que no se sienta de cierta manera o que no tiene motivos para sentirse de esa manera, es probable que crea que sus propios sentimientos no son dignos de confianza e irrelevantes. Desde la perspectiva del desarrollo de la inteligencia emocional, es fácil ver cómo sentir que no puedes confiar en tus propias emociones te llevará a luchar para identificar con precisión lo que sientes en un momento dado. Esto puede tener importantes repercusiones negativas en la salud emocional de un niño.

Además, los padres que descartan también suelen descartar sus propias emociones, al mismo tiempo que desalientan al niño de hablar emocionalmente con sus padres. El padre desinteresado puede sentirse incómodo con las emociones en general, o puede que simplemente no entienda cómo manejar las emociones. Ven el paso del tiempo como la cura perfecta en lugar de desarrollar habilidades reales para resolver problemas.

El padre que despide da como resultado un niño que cree que hay algo intrínsecamente malo en él. Se siente inadecuada y como si su percepción de la realidad estuviera sesgada si se siente de manera inapropiada. Aprende a descartar sus propias emociones en lugar de verlas como importantes. Ella no ve el beneficio de tratar de hablar sobre sus emociones, ya que siempre se han considerado irrelevantes o inexactas. También es probable que aprenda que la resolución de problemas no es necesaria, ya que cree que el tiempo resolverá cualquier problema que encuentre.

Considera a un niño que se siente bastante enojado en ese momento en particular. Tú, un padre desdeñoso, ves a tu hijo derritiéndose, gritando porque realmente quería ese juguete nuevo en la tienda. En lugar de hablarle a tu hijo, dile: "Oh, vamos. No es tan malo. Lo superarás. No hay razón para estar tan enojado por esto; tienes otros tres juguetes en casa que son muy similares a este. ¿Cuál es el problema?" Esto, por supuesto, no hace nada para ayudar al niño a superarlo.

El hecho de que se haya sugerido no significa que sucederá, y el hecho de que a ti no te parezca gran cosa que le nieguen el juguete, tu hijo ciertamente lo hizo.

El padre desaprobador

. . .

El padre que desaprueba, al igual que el padre que descarta, ve las emociones como inconvenientes o como un problema que debe evitarse a toda costa. El padre que desaprueba, en lugar de decir que los sentimientos deben superarse, dice que, para empezar, el niño no debe sentirse como él o ella.

Las emociones son vistas como un signo de debilidad y expresarlas es visto como algo peor. Ignoran sus propias emociones y al mismo tiempo alientan a sus hijos a hacer lo mismo, tratando negativamente cualquier emoción que un niño pueda expresar. Una de las frases más comúnmente escuchadas de los padres que desaprueban es: "¡No deberías sentirte así!" y generalmente es seguido por amenazas si el niño no se pone en orden y detiene el espectáculo de emociones.

Típicamente, el padre que desaprueba cree que las emociones, particularmente las negativas, son una pérdida de tiempo.

No tiene sentido perder el tiempo o la energía centrándose en las emociones cuando de todos modos no son importantes y, por esa razón, generalmente se ignoran o incluso se castigan. A veces también sienten que los niños usan las emociones negativas como una táctica de manipulación en lugar de considerarlas legítimas. Debido a la naturaleza manipuladora percibida de las emociones sentidas, el padre que las desaprueba ve las emociones como algo que debe sofocarse en lugar de alentarse o enseñarse a controlar.

Típicamente, el padre que desaprueba es mucho más negativo y juzga las emociones y es típicamente autoritario.

Son mucho más duros que los padres desdeñosos y buscan controlar y criticar todas las expresiones de emoción. Las repercusiones de esto son bastante similares a lo que sucedió como resultado de despedir a los padres: los niños crecen fuera del contacto con sus emociones. Aprenden a descartar e ignorar sus emociones en lugar de aprender a controlarlas o hacerles frente. Nunca aprenden cómo nombrar apropiadamente sus emociones, y ciertamente nunca aprenden buenas maneras de lidiar con las emociones de otras personas, por lo general las descartan o las desaprueban.

· · ·

Volvamos de nuevo al niño que se enfadó por no conseguir el juguete en la tienda. Si fueras un padre desaprobador, probablemente le habrías dicho a tu hijo: "¡Deja de reaccionar de forma exagerada!

¡No deberías sentirte así por un juguete! Es solo un trozo de plástico. Deja de lloriquear y deja de actuar como un llorón, o te trataré como tal. Si no dejas de lloriquear ahora mismo, te arrepentirás. ¡Tomaré uno de tus juguetes en casa y lo tiraré!" En lugar de enseñarle a tu hijo cómo sentir emociones, tu ordenas y amenazas con hacer que la emoción desaparezca, aunque esto rara vez es efectivo. Es más por miedo a las consecuencias que por ser capaz de controlar las emociones de una manera sana. A pesar de la postura de desaprobación de los padres al respecto, las emociones de un niño no lo hacen débil, ni el niño necesita renunciar a las emociones para sobrevivir. De hecho, es todo lo contrario: los niños necesitan aprender a manejar sus emociones para poder sobrevivir en un entorno social. Un niño nunca aprenderá a interactuar de manera significativa y emocionalmente inteligente si nunca otorgó la capacidad de explorar emociones en un entorno seguro sin preocuparse por amenazas o castigos.

El padre laissez-faire

. . .

Laissez-faire se deriva del francés y se traduce literalmente como "déjalo ser". Los padres que se consideran laissez-faire suelen ser permisivos, hasta el extremo. Permiten que se sientan todas las emociones y las tratan como aceptables, sin tener en cuenta el comportamiento que pueda seguirlas. Los niños son libres de sentir. Sin embargo, sienten y nunca se les enseñan las formas necesarias para mitigar el control que las emociones pueden tener sobre ellos.

Este tipo de actitud permisiva significa que nunca son capaces de desarrollar importantes mecanismos de afrontamiento que les permitan hacerlo. Estos niños son criados sin la estructura o el apoyo que necesitan, y si bien es importante permitir que los niños sientan sus emociones para desarrollar una autoconciencia completa, los niños también necesitan orientación para ayudarlos a manejar esas emociones. La habilidad para manejar esas emociones no se aprende únicamente experimentando las emociones. Necesitan que se les enseñe métodos de afrontamiento y habilidades para resolver problemas que los padres tipo laissez-faire ignoran. En lugar de enseñar a los niños a sobrellevar la situación, el padre laissez-faire permite que los sentimientos se sientan hasta que sigan su curso, al igual que el padre despreocupado consideraba el tiempo como el último mecanismo de afrontamiento.

Desafortunadamente, este tipo de crianza permisiva le trae al niño toda una nueva serie de problemas. Los niños criados por padres laissez-faire típicamente luchan con el autocontrol. Por lo general, son bastante desobedientes e impulsivos, aunque al mismo tiempo son bastante dependientes. Debido a que nunca se les animó a desarrollarse mucho más allá de las edades de la primera infancia emocionalmente y nunca sintieron muchas consecuencias por sus acciones de parte de sus padres, nunca desarrollaron las habilidades que necesitarían para resolver problemas por sí mismos.

Estos niños suelen tener dificultades para autorregularse o calmarse cuando sienten emociones negativas intensas, y también es probable que tengan dificultades para hacer amigos, ya que nunca aprendieron a captar las señales sociales necesarias para el éxito social. La mayoría de los niños no quieren jugar con el niño que no se da cuenta de cómo sus propios comportamientos afectan a los demás.

. . .

Nuevamente, revisaremos el ejemplo del niño que se queja en la tienda porque no le permitieron comprar un juguete.

Como padre liberal, mirarías a tu hijo haciendo un berrinche por un momento, asienta con la cabeza y dice "Está bien", mientras continúas con tus asuntos, sin ofrecer apoyo a tu hijo. No estarías desanimando la expresión emocional, pero tampoco estarías enseñando a tu hijo a expresarse. Esto le enseña a tu hijo que las emociones son aceptables, pero también le enseña que su rabieta es una forma aceptable de lidiar con ellas. Como no corregiste el comportamiento, el niño cree que es aceptable por defecto. En esos primeros días en los que estás preparando el escenario, nunca le enseñas a tu hijo ese tipo de comportamiento que es inaceptable, y esos comportamientos se repiten en otros lugares, donde las personas son mucho menos tolerantes. Esto, por supuesto, hace que tu hijo sea típicamente evitado o disgustado, ya que es incapaz de manejar sus emociones de manera adecuada y se vuelve molesto a los que le rodean.

El padre de coaching emocional

. . .

El último de los cuatro estilos de crianza es el coaching emocional. Este estilo de crianza pone énfasis en practicar la empatía y guiar al niño a través de las emociones. El padre entrenador de emociones busca enseñar al niño cómo identificar sus emociones y cómo esas emociones lo afectan a él, así como a quienes lo rodean. Estos padres valoran la enseñanza y la orientación en lugar de permitir que el niño aprenda a través de prueba y error. Buscan involucrarse, pero no controlar a sus hijos, y ese equilibrio les permite ser efectivos con su enfoque de crianza.

Los padres que entrenan emociones valoran todas las emociones y les enseñan a sus hijos que todas las emociones son importantes y aceptables de sentir, pero no todos los comportamientos, especialmente aquellos que están motivados emocionalmente, son aceptables. Por lo general, se desalientan los comportamientos que son dañinos o no productivos, y los padres guían suavemente al niño a través de los procesos para enfrentar mejor los sentimientos y enfatizan el pensamiento crítico para resolver los problemas de manera efectiva. A través de la paciencia, la empatía y el tiempo, los padres que entrenan las emociones pueden crear niños pequeños emocionalmente inteligentes que desarrollan un EQS más alto.

. . .

Los niños criados por padres que entrenan las emociones suelen ser mucho más equilibrados que los niños que no lo fueron. Por lo general, les va mejor en entornos sociales, hacen amigos con más frecuencia y mantienen mejor esas relaciones. Por lo general, son capaces de controlar y regular sus propios sentimientos y reacciones, sin importar cuán enojados o molestos puedan estar. Son mucho mejores para calmarse a sí mismos, lo que les permite regular sus comportamientos y evitar hacer cosas de las que luego se arrepentirán debido a problemas de control de impulsos. Por lo general, son más felices porque sus emociones no son un punto de discusión para ellos y, por lo general, están más cerca de sus padres, ya que ven a los padres como maestros valiosos y un apoyo confiable en momentos de necesidad.

Volvemos una vez más al ejemplo del niño con rabieta que llora porque quiere un juguete que usted se ha negado a comprar. Como padre que entrena las emociones, tú te pondrías a la altura de sus ojos y le pondrías una mano en el hombro. Calmadamente expresarías que se ve enojado y decepcionado porque no está recibiendo el nuevo juguete y que tu lo entiendes. También le recordarías que el hecho de que esté enojado no significa que pueda hacer una rabieta en la tienda, y tú le ofrecerías una alternativa, como respirar profundamente para calmarse y que pueda usar sus palabras para comunicarse contigo. El resultado final es un niño que se siente reconocido, escuchado y valorado.

5

El Matrimoni, Divorcio y La Salud Emocional de su Hijo

Tú hijo está profundamente afectado por todos los aspectos de tu relación romántica con su otro padre. Si sus padres comparten una relación feliz y saludable, tu hijo aprenderá a esperar eso. Por otro lado, si tu hijo ve una relación emocionalmente enfermiza, eso se convierte en lo que aprende a esperar en su futuro. Tu relación afecta la salud emocional de tu hijo, lo quieras o no. No importa lo mucho que intentes mantener algunos aspectos alejados de tu hijo, él lo verá por lo que es.

El matrimonio y tu hijo

. . .

Especialmente si tu matrimonio es con el otro padre del niño, tu hijo los verá a ustedes dos como una sola unidad.

Tú y tu cónyuge son la unidad familiar natural del niño y es un hecho que los dos estarán juntos. Desarrollarán una opinión sobre la naturaleza de su relación y eso influirá en sus expectativas para el futuro. Por esta razón, es increíblemente importante para ti modelar un matrimonio saludable para que tu hijo lo vea. Pregúntate si tu relación con su cónyuge es una en la que le gustaría que su hijo viviera también, y si no, puede ser hora de hacer algunos cambios serios en tu relación.

En un matrimonio saludable, tu hijo verá que tu y tu cónyuge ejemplifican la empatía, la resolución de conflictos y el cuidado mutuo genuino. Este modelo establece un ejemplo serio para tu hijo y debe fomentarse y alentarse.

Deben verte a ti y a tu cónyuge, tanto en los buenos como en los malos momentos. El conflicto está bien, siempre y cuando también vean la resolución del conflicto. Quiere asegurarse de que está modelando esas habilidades de resolución de conflictos y dejando en claro que el matrimonio y el amor no tienen que ser perfectos. El conflicto es inevitable y no significa que una relación esté condenada. Lo importante es si tu y tu pareja pueden resolver el conflicto, especialmente con ojos jóvenes observando de cerca cómo maneja la situación.

Cuando te quedas en un matrimonio tóxico, tu hijo lo ve todo.

No importa cuánto intentes ocultarlo, tu hijo está absorbiendo lo que está sucediendo. Tu hijo se sentirá impotente y asustado por la tensión que reina en la habitación cada vez que ambos padres están presentes. Incluso pueden comenzar a internalizar esa culpa sobre sí mismos. Incluso pueden tratar de solucionar los problemas que ven, convirtiéndose esencialmente en el adulto de la casa, por así decirlo, mientras tratan de suavizar los conflictos, en lugar de que sus padres sean los que los guíen a través del proceso de desarrollo de habilidades saludables para afrontar problemas. Básicamente, esto obliga al niño a crecer demasiado pronto, lo que puede causar muchos problemas emocionales para tu niño o adolescente.

. . .

Los niños que crecen dentro de un matrimonio tóxico, dependiendo de su personalidad, internalizan la vergüenza y la culpa, sintiéndose inseguros la mayor parte del tiempo y asustados por las interacciones de sus padres, especialmente cuando hay muchos gritos sobre el odio de ambos lados. Tu hijo, especialmente a una edad más temprana, se identifica estrechamente con ambos padres, y escuchar a uno de los padres decir que odia al otro es algo que los niños pequeños internalizan y lo interpretan como que el padre también los odia. Desarrollan baja autoestima y muchas veces se sienten indignos de amarse a sí mismos, considerando que pueden haber internalizado la culpa por los conflictos y desacuerdos. Aprenden a modelar relaciones enfermizas, sin saber nada diferente, y esto los prepara para el fracaso romántico más adelante en la vida.

Si todo lo que ven es gritar para resolver discusiones, es probable que también recurran a gritar dentro de sus propias relaciones románticas.

Si has leído este libro hasta aquí, es posible que empieces a reconocer algunos de los efectos de los matrimonios tóxicos en los niños como signos de un

EQ bajo. El niño está encerrado en un bucle de negatividad, aceptando la impotencia. Esta es una señal de baja autogestión. El niño puede comportarse mal con otras personas, mostrando poca conciencia de sí mismo. Pueden tener dificultades en las relaciones en el futuro, mostrando poca conciencia social y manejo de relaciones. Permanecer en un matrimonio tóxico prepara a su hijo para el fracaso emocional más adelante en la vida y es algo que debe evitarse. Cuando las opciones son un niño que crece con padres en un matrimonio tóxico o padres felizmente divorciados, los padres felizmente divorciados siempre serán la mejor opción, incluso si reduce a la mitad el tiempo que el niño ve a sus padres.

El divorcio y su hijo

A veces, el divorcio es la mejor opción dentro de un matrimonio. Las cosas pueden haber escalado tanto que ninguno de los cónyuges está dispuesto o es capaz de reconciliarse, y uno o ambos sienten que estarían mejor sin el otro.

. . .

Esto no necesariamente tiene que significar que uno de los padres era una mala persona; a veces, dos personas no se llevan bien y simplemente sacan lo peor de cada uno. El divorcio siempre será difícil para tu hijo, pero hay maneras de minimizar el daño. Los niños son resistentes y, si bien pueden tener dificultades al principio, se recuperarán con el apoyo y la orientación adecuados.

Los niños, especialmente a edades más tempranas, pueden ver el divorcio como una imposibilidad o negarse a reconocerlo o aceptarlo. Es probable que tu matrimonio sea todo lo que tu hijo haya conocido si todavía estás casado con su otro padre, y que la disolución repentina de su unidad familiar puede ser absolutamente devastadora. No importa cuán pacífico sea tu divorcio, tendrá efectos negativos en tus hijos.

Los efectos negativos del divorcio de los padres del niño se pueden ver en todos los aspectos de la vida, especialmente si el niño lucha por sobrellevar el cambio. Aquellos con un EQ más bajo tienen más probabilidades de sufrir en mayor medida, aunque incluso los niños con un EQS más alto tendrán dificultades para sobrellevarlo hasta cierto punto. A menudo, es probable que los niños que han pasado por un divorcio, experimenten inestabilidad emocional, se separen, experimenten depresión o ansiedad, o tengan problemas en la escuela.

Los niños con EQS más bajos necesitarán mucha más orientación para hacer frente al divorcio que los niños con EQs más altos, pero podrán hacerlo si cuentan con el apoyo adecuado. Comprender los entresijos del coaching emocional será esencial para ayudar a tu hijo a sobrellevar la pérdida de una unidad familiar, que tal vez nunca haya podido imaginar que se degradaría. Recuerda reconocer los sentimientos de tu hijo para ayudarlo a sobrellevar cambios tan repentinos, y ten en cuenta que puede tomar bastante tiempo para que tu hijo comience a comprender cambios tan drásticos. Además, los niños con un EQS más bajo pueden tener dificultades para pedirle el apoyo que necesitan cuando lo necesitan.

Es probable que los niños con un EQS más alto manejen mejor sus sentimientos en general. Por lo general, manejan mejor sus emociones y, aunque pueden sentirse devastados por un cambio tan drástico, generalmente pueden manejar mejor sus reacciones.

Todavía puedes enfrentarlos actuando mientras luchan, pero normalmente puedes hablar con ellos y ayudarlos a superarlo. Pueden comunicar mejor sus propios sentimientos contigo, lo que te permite brindarles el apoyo que necesitan y piden. También es probable que tu hijo con un IQ más alto sea más resistente en general que un niño con un EQ más bajo. Ella tendrá las habilidades de afrontamiento que serán beneficiosas para aceptar el divorcio. Si bien tu hijo con un EQ más alto todavía tendrá dificultades de manera similar al niño con un EQ más bajo, en general, tu hijo estará mejor equipado para sobrellevar la situación.

El divorcio y tu hijo adolescente

Los adolescentes, a pesar de sus mayores niveles de madurez, todavía tienden a luchar cuando su mundo se ve sacudido de manera tan drástica. Al igual que los niños, los adolescentes han llegado a identificar su unidad familiar y que se destruya repentina e irrevocablemente puede ser absolutamente devastador. Siempre han sabido que las cosas son de cierta manera, y tal vez reacios a ver cómo cambiarán y evolucionarán las cosas. Es probable que los adolescentes pasen por una etapa de negación, en la que se niegan a reconocer los cambios inminentes. Si bien pueden tratar de fingir ser maduros acerca de las cosas, es probable que se sientan profundamente heridos ante la idea de perder a su familia y actúen en consecuencia.

Al igual que los niños, tienden a mostrar signos similares de angustia emocional. Pueden retroceder repentinamente y volverse menos capaces de controlar o regular sus propias emociones, incluso si antes eran profesionales en eso.

Pueden enojarse o molestarse, y recurrir constantemente a las críticas para arremeter contra quienes los rodean, probablemente como resultado de la presencia de críticas en un matrimonio degradante. A menudo, cuando los matrimonios fracasan, había un conflicto en el hogar mucho antes del divorcio, y el adolescente normalmente tratará de actuar en consecuencia. Pueden mostrar signos de negatividad. Sienten que su familia, que ha sido la gran mayoría de su mundo durante la mayor parte de sus vidas, se está desmoronando. Luchan para hacer frente a la pérdida de esa unidad familiar.

Los adolescentes cuyos padres se están divorciando también son más propensos a rebelarse o portarse mal que sus compañeros, a menudo participando en conductas antisociales. Pueden involucrarse en actos riesgosos, como sexo inseguro o experimentar con drogas y alcohol como una forma de tratar de sobrellevar la pérdida de atención y afecto de uno de los padres. En un divorcio, al menos uno de los padres pierde su relación padre-hijo y, con mayor frecuencia, ambos padres pierden cuando se divide la custodia. El adolescente, al sentir la necesidad de sobrellevarlo de alguna manera, busca el afecto y la atención en otra parte, incluso si sus métodos para lograrlo son bastante extremos.

Estos actos rebeldes, como robar o tener relaciones sexuales sin protección, pueden tener consecuencias para toda la vida, especialmente si su adolescente está cerca de la edad adulta y lo descubren cometiendo delitos, contrae una ITS, queda embarazada o deja embarazada a otra persona.

Los adolescentes cuyos padres se están divorciando, especialmente si el divorcio es particularmente desordenado o doloroso, corren un mayor riesgo de enredarse en la adicción o el abuso de drogas mientras buscan formas alternativas de hacer frente a sus sentimientos dolorosos y abrumadores durante un momento tan difícil. A pesar de los riesgos, se involucran en estos actos de todos modos si encuentran que disminuye el dolor en absoluto. Esto puede tener implicaciones para toda la vida, ya que la adicción no solo puede arruinar la vida de una persona, sino que podría potencialmente matarla. Es posible que no piensen en los riesgos o, más bien, pueden optar por no preocuparse por los riesgos y continuar participando de todos modos si eligen seguir este camino.

Al igual que los niños, los adolescentes también pueden tener problemas con el rendimiento académico en caso de divorcio. Debido a la agitación emocional a la que pueden haber estado expuestos; Puede que les resulte difícil concentrarse en las tareas que tienen entre manos en la escuela y, en su lugar, finalmente acepten las luchas y los fracasos. Sus calificaciones comienzan a sufrir, lo que puede tener implicaciones de por vida para el adolescente, especialmente si antes del divorcio, ella estaba interesada en ir a la universidad.

Cuando son niños, los adolescentes con EQ más altos están un poco más equipados para lidiar con estas situaciones a medida que surgen. Pueden estar devastados y molestos, pero aún así son más resistentes que sus compañeros.

Seguirán necesitando apoyo, pero con sus habilidades mejoradas de inteligencia emocional, les irá mucho mejor a largo plazo. No serán tan impulsivos y, si bien pueden estar más malhumorados de lo normal, es menos probable que traten de sobrellevar la situación recurriendo al peligro de los hábitos nocivos y poco saludables. Es mucho más probable que miren los riesgos y decidan que no valen la pena y que puedan encontrar lo bueno en las situaciones, sin importar cuán malas sean las situaciones. Cuanto más alto sea el EQ del adolescente, es más probable que tome el divorcio, especialmente si se siente sorprendido por él, para empezar.

6

El Papel Crucial Del Padre

Nadie argumentará que los padres no son importantes en el desarrollo de un niño. Después de todo, se necesitan dos padres para tener un hijo, por lo que tiene sentido que dos padres sean óptimos para criar a un hijo. A medida que la sociedad ha cambiado, también ha cambiado el papel del padre en la crianza de los hijos. Hoy en día, los padres están mucho más involucrados con la crianza de los hijos que nunca antes, y debido a eso, sus roles en la crianza de los hijos se están estudiando más a fondo. La investigación sobre la inteligencia emocional ha comenzado a descubrir que el papel del padre es quizás incluso más importante de lo que se creía anteriormente.

. . .

La relación entre la inteligencia emocional de padre e hijo

Desde el nacimiento, los padres tienen un impacto en sus hijos. Los niños que crecen con un padre que participa activamente en sus vidas tienen más probabilidades de crecer emocionalmente más seguros. Tienen más confianza y están dispuestos a explorar y correr riesgos. A medida que envejecen, desarrollan mejores relaciones de todo tipo que sus compañeros que crecieron sin un padre. Los niños que crecen con sus padres tienen más probabilidades de desempeñarse mejor en la escuela y menos probabilidades de cometer delitos. ¿Pero por qué?

La respuesta es la inteligencia emocional.

Los padres con un EQS más alto están más interesados en involucrarse en la crianza de sus hijos, y sus interacciones con sus hijos reflejan inteligencia emocional. Es más probable que sean cariñosos, empáticos y comprensivos en la forma en que sus hijos lo necesitan debido a sus coeficientes intelectuales y, a su vez, sus hijos también crecen y se vuelven emocionalmente inteligentes. Debido a que los niños ven el EQ de su padre modelado para ellos a lo largo de su desarrollo temprano, naturalmente tienden a adquirir las habilidades equivalentes al EQ de su padre.

Un estudio que probó la relación entre los hijos y la inteligencia emocional de los padres encontró que, de hecho, había una relación estadísticamente significativa entre un padre y la inteligencia emocional de sus hijos.

El estudio, realizado por dos psicólogos rusos en Malasia, encontró que la mayoría de los niños estudiados que obtuvieron un EQS más alto tenían padres que también eran emocionalmente inteligentes. La conclusión encontró que los padres son estadísticamente significativos para el desarrollo de la inteligencia emocional de sus hijos.

Este estudio se realizó estudiando a estudiantes iraníes en escuelas primarias iraníes en la ciudad de Kuala Lumpur, Malasia. Estudiaron 107 pares padre-hijo, con niños de entre 8 y 10 años, y los padres eran graduados o doctorados. estudiantes de las universidades de todo el país, con edades comprendidas entre los 25 y los 40 años. Usaron el Bar-On EQ-i para evaluar la inteligencia emocional del padre mientras usaban el EQ-i Versión para jóvenes para los niños, junto con un breve cuestionario sobre datos demográficos. Dentro de cada categoría, los científicos probaron (intrapersonal, interpersonal, manejo del estrés, adaptabilidad, estado de ánimo general e inteligencia emocional total), hubo una relación estadísticamente significativa. Esto significa que la propia inteligencia emocional del padre se reflejó estadísticamente en el propio EQS de sus hijos.

La importancia del EQ del padre

Si el padre tiene una influencia significativa sobre el EQ de sus hijos, no debería sorprender que el papel del padre en la crianza de los hijos sea importante.

Los padres juegan un papel crucial en el desarrollo cognitivo, conductual y de la salud en general. Además, los niños que han crecido con un modelo de rol masculino positivo tienden a desarrollar mejores y más positivas características de rol de género. Es más probable que ellos mismos sean modelos masculinos positivos a seguir cuando crezcan.

. . .

Las niñas que crecen con modelos masculinos positivos tienden a desarrollar mejores opiniones de los hombres en general, así como a desarrollar una mejor comprensión de los hombres.

Los niños con padres involucrados tienden a tener un mejor desempeño educativo y se asocian con habilidades de comunicación, pensamiento crítico y logros académicos más fuertes en los adolescentes. Esto puede deberse al hecho de que, en comparación con las madres, los padres pasan una mayor parte de sus interacciones uno a uno jugando que las madres. Estas interacciones lúdicas se convierten en la base para que los niños aprendan a manejar sus emociones y comportamientos.

En general, la contribución del padre a la inteligencia emocional del niño es tan importante como la de la madre.

Los padres con un EQ más alto tienden a tener algunos de los siguientes rasgos:

- Comprometerse emocionalmente con los estados emocionales de los propios hijos (empático).
- Evita decirle a los niños cómo se sienten.
- Enseña habilidades para resolver problemas
- Guía a los niños a través de desafíos a través de la adversidad y desafíos cotidianos.
- Modela positivamente el manejo de emociones negativas y fuertes.
- Hacer tiempo para jugar con los niños.

Cada uno de esos rasgos tiene un impacto significativo en el desarrollo emocional de un niño. El padre emocionalmente inteligente es empático, se enfoca en la resolución de problemas y modela mecanismos de afrontamiento positivos. Debido a que los niños aprenden a través del juego, a menudo emulan a sus padres en el juego. Aprenden a desarrollar las conductas de sus padres porque eso es lo que se modela. Si un padre muestra signos de EQ bajo, es probable que los niños sigan su ejemplo.

Efecto del EQ del padre para los niños en acción

· · ·

Ahora que se ha establecido que los padres son increíblemente importantes para el desarrollo del EQ de los niños, tomemos unos momentos para ver esto en acción.

Seguiremos dos situaciones diferentes: un niño que tiene miedo a la oscuridad y llora a la hora de acostarse, y un adolescente que se niega a lavar los platos después de la cena y ahora ha perdido los privilegios de la electrónica y tiene un ataque de ira. Veremos cada una de estas situaciones y cómo es probable que se desarrollen con padres con EQ bajo y alto, prestando atención tanto a las acciones del padre como a las respuestas del niño o adolescente.

Padre de EQ bajo interactuando con el niño

Elba, una niña de 9 años, tiene terror a la oscuridad. Siempre lo ha sido, y lucha por dormir sin una luz de noche, o sin la luz del pasillo encendida. Cada vez que se apaga la luz, Elba llora y ruega que la vuelvan a encender. Si se apaga antes de que el padre de Elba se vaya a la cama y Elba se despierte en medio de la noche, gritará aterrorizada y suplicará ayuda y que se vuelva a encender la luz. Cuando se le pregunta cuál es su problema, nunca tiene una respuesta clara, sino que simplemente insiste en que tiene miedo.

Su padre, asumiendo que tiene un EQ más bajo, escucha a Ava gritar en su habitación en medio de la noche. Salta de la cama, furioso por la interrupción, e irrumpe en el dormitorio de ella, abre la puerta y aterroriza aún más a la niña. Sin detenerse a ver que su hijo está asustado o necesita consuelo, inmediatamente comienza a gritar. "¡¿Qué te pasa?! ¡Solo vete a dormir!

No debes tenerle miedo a la oscuridad, ¡no eres un bebé!

¡No hay monstruos en la oscuridad! ¡Solo deja de llorar y vete a dormir!"

Por supuesto, esta diatriba no ayuda a que Elba se calme.

. . .

Oye los gritos de su padre y, de repente, un monstruo en la oscuridad le parece mucho más real. Ella ve el rostro de su padre, pero todo lo que escucha es el monstruo que es su rabia, rugiendo para que deje de tener miedo. Ella llora más incontrolablemente por la situación, y su padre responde a su vez cerrando la puerta y dejándola en la oscuridad para que siga llorando de miedo.

Él hace caso omiso de sus sentimientos, los minimiza y los descarta, y actúa de maneras que no ejemplifican la resolución de problemas ni le enseñan a sobrellevar su miedo. En lugar de ayudarla, arrojó leña al fuego, y ella ha aprendido que no se puede confiar en él en los momentos críticos cuando está aterrorizada. Aprende que gritarle a la gente que te molesta es aceptable y que no es necesario consolar o cuidar a los niños durante los períodos de confusión emocional. Ella también aprende el bajo EQ de su padre, y nunca se le enseña la forma correcta de manejar sus emociones.

Alto EQ padre interactuando con el niño

. . .

Ahora, imagina al padre de Elba dentro de esta escena con un EQ más alto. Oye el sonido de su hija llorando por él con miedo. A pesar de su molestia inicial por haber sido despertado una vez más, respira hondo y se levanta para atender a su hija, recordándose a sí mismo que ella está pasando por un momento difícil y necesita apoyo adicional.

Llega a su habitación y ve a su hija sollozando en la cama.

"¿Qué ocurre?" él pide. Él trata de animarla a verbalizar cómo se siente con la esperanza de poder sugerir acciones para ayudar con la situación. Se acerca para abrazar a su hija, reconociendo que su hija necesita apoyo adicional durante este emotivo evento. Ella niega con la cabeza en respuesta, sin responder. "¿Tienes miedo?" Ella asiente.

"¿Por qué?" Ella se encoge de hombros.

Al darse cuenta de que es poco probable que esta situación se resuelva hablando solo y reconoce que frustrarse probablemente sólo agrave aún más la situación, su padre decide ofrecerle soluciones en lugar de pelear para decirle que está equivocada y que está siendo irracional.

Él comprende que no puede controlar sus emociones y que ella puede estar luchando por controlarlas.

En lugar de discutir, regañar a Elba o arremeter con ira, su padre ofrece algunas soluciones. Él le pregunta si quiere la lámpara de su escritorio encendida para dormir y ella asiente con la cabeza, mirando a su padre con lágrimas en los ojos. Él obedece y lo enciende. Si bien en realidad solo sustituyó una muleta para dormir (dormir con la luz del pasillo encendida) por otra (dormir con la lámpara encendida), ha demostrado que apoya a su hijo. Él le ofreció una solución que ella aceptó, y él puede irse a dormir después de otro abrazo rápido y recordarle que está a salvo y que le avise si necesita algo más.

En esta situación, a pesar de que el padre de Elba estaba frustrado, actuó con inteligencia emocional. Él no desahogó su frustración con Elba, a pesar de lo mucho que pudo haber estado enojado por haber sido despertado una vez más. No dejó que Elba se ocupara sola de su problema. Él no menospreció sus sentimientos ni la degradó. Él actuó con compasión y abordó la situación, sabiendo que sus propias interacciones con ella prepararían el escenario para futuras interacciones. Si sentía que no podía confiar en él, no sería capaz de expresar sus sentimientos, ni ahora ni más adelante. Le ofreció una solución que era aceptable, ayudándola a resolver el problema y recordándole que tiene la opción de dormir con una lámpara encendida si la necesita.

En esta situación, Elba se enteró de que su padre se acerca a ella con empatía y compasión, dos habilidades que es mucho más probable que internalice si normalmente las recibe. Aprendió a buscar soluciones a los problemas en lugar de seguir siendo la víctima y tener miedo de tratar de solucionar el problema. Aprendió que sus emociones le permiten expresarse y que puede confiar en su padre para ayudarla si necesita su apoyo, sin importar cuán inconveniente haya sido. Ella comienza a adquirir las habilidades EQ más altas de su padre al verlos modelar para ella.

EQ bajo padre de adolescente

. . .

Ahora, imaginemos a Miguel adolescente. Odia hacer tareas más que nada y constantemente busca formas de evitar tener que completarlas. Después de la cena, su padre le pide que se encargue de los platos, ya que es su semana para hacerlo. Miguel dice que está bien, pero nunca se acerca a ellos. Una hora y media más tarde, su padre regresa y se lleva todos los aparatos electrónicos como resultado. Saca la tableta, el teléfono y el sistema de juegos de Miguel de su habitación y, como resultado, Miguel se enfurece porque esas son sus propias pertenencias y no se las pueden quitar.

En respuesta, el padre con habilidades de EQ más bajas probablemente se enoje tanto como Miguel.

Los dos alimentan la ira del otro, y ésta progresa más y más sin que ninguno de los dos esté dispuesto a admitir la falta o la culpa. En cambio, ambas personas se niegan a retroceder, y el padre de Miguel puede incluso recurrir a hacer algo de lo que se arrepentirá, como romper el teléfono de Miguel en su ira para demostrar que él está a cargo y puede tomar o destruir cualquier cosa por la que esté pagando. Esto, por supuesto, solo sirve para empeorar la situación por completo. Es mucho menos probable que Miguel escuche cuando sus propias emociones están a flor de piel, y si su padre no puede controlarse, ¿cómo se puede esperar realmente que Miguel tenga las habilidades necesarias para hacerlo?

Toda esta situación termina con Brian aprendiendo que es aceptable romper cosas en su ira, solidificando los mecanismos de afrontamiento de EQ más bajos como aceptables. Nunca aprende a comunicar mejor su propio desdén o enojo, y nunca aprende a hacerse responsable de sus propias acciones. Ve a su padre como un adversario más que como un apoyo, y su padre ha dañado irrevocablemente la relación con su hijo al destruir algo que le pertenece.

EQ alto de padre de adolescente

Ahora, imagina que el padre de Miguel tiene un EQ más alto.

. . .

Enojado al ver que su hijo adolescente no ha terminado de lavar los platos como se esperaba, va a la habitación de su hijo y entra. Brian está enviando mensajes de texto a alguien en su teléfono en lugar de levantarse. En lugar de arremeter con ira, el padre de Miguel le dice con calma a su hijo que es hora de lavar los platos o habrá consecuencias. Su hijo parece encogerse de hombros, sin importarle realmente.

Reitera una vez más las consecuencias de negarse a lavar los platos.

Miguel continúa resistiéndose a hacer su tarea y, en cambio, vuelve a su teléfono. Su padre asiente y se aleja para cumplir con la consecuencia. Él va y bloquea Wi-Fi y bloquea el teléfono de Miguel en el plan familiar. Un minuto después de su consecuencia, Miguel sale furioso, gritando que sus dispositivos electrónicos no funcionan y, en general, están furiosos.

El padre de Miguel espera a que termine de hablar y asiente, reconociendo que desconectó los dispositivos electrónicos. Le recordó amablemente a su hijo que nada en la vida es gratis y que si se niega a ir a trabajar, no tendrá Wi-Fi ni un teléfono celular para usar. Su padre reitera que se deben hacer las tareas del hogar, y si Miguel se niega a contribuir con el hogar, no obtendrá los beneficios del hogar, como pagar los dispositivos electrónicos. Reconoce lo frustrante que es tener que hacer algo que no quieres hacer, pero enfatiza la importancia de la responsabilidad.

Se refiere a no querer ir a trabajar para pagar una cuenta de teléfono tan alta, sino que lo hace por responsabilidad y obligación. La edad adulta está llena de cosas que no quiere hacer, y sería mejor si Miguel aprendiera esa lección más temprano que tarde.

Miguel parece sorprendido al principio, pero parece entender la idea. Se da cuenta de que no tiene más remedio que contribuir y ocuparse de sus tareas si quiere seguir usando su teléfono. Si bien puede estar furioso con los resultados, ve que no hay otras opciones para él con las que quiera seguir adelante. Lava los platos a regañadientes, aprendiendo la lección de las consecuencias de sus acciones.

Ve que su padre no le gritó ni gritó, sino que habló con calma y claridad. Ve el valor de comunicarse adecuadamente con su padre en lugar de gritarle, y aprende la valiosa lección de tener que hacer cosas que no quiere hacer, enseñándole habilidades de autocontrol. Con su padre EQ alto, vio modelado la inteligencia emocional y estará más inclinado a seguir ese ejemplo en conflictos futuros.

PARTE III

Entrenamiento Emocional

7

Elementos De Entrenamiento Emocional

Hay varios elementos en el coaching de emociones que surgen como temas recurrentes en la habilidad. Dentro de los cinco pasos, estos elementos deben estar presentes. Estos elementos ayudan a que tanto tú como tu hijo se mantengan en línea, así como también sientan las bases para que los pasos del coaching emocional sigan su curso de la manera más efectiva. Los cuatro elementos más importantes que subyacen al coaching emocional son:

Amor incondicional

Relaciones de mentoría

Límites saludables

Proporcionar un amplio espacio

Amor incondicional

. . .

Todo niño necesita amor para crecer y desarrollarse.

Es tan intrínsecamente importante que muchas de las interacciones con los niños pequeños y sus padres están diseñadas para crear biológicamente un vínculo profundo entre los dos. Literalmente ha sido arraigado en nuestros instintos amar ferozmente y proteger a nuestros hijos de cualquier cosa que pueda amenazar su supervivencia o éxito. El amor incondicional es el amor que estará ahí pase lo que pase. Es la idea de que nada de lo que tu hijo pudiera hacer disminuiría o estropearía el amor que siente por él o ella.

Esta es una base increíblemente importante en el coaching de emociones; al brindarle a tu hijo amor incondicional, él o ella aprende que cualquier comunicación y cualquier expresión de emoción es aceptable para ti, siempre que sea verbal. Tu hijo sabe que, incluso cuando se porte mal o cometa errores, no lo amará menos. Esta es una base importante de confianza.

. . .

Al confiar en ti, tu hijo estará más dispuesto a prestar atención a los consejos y más inclinado a acudir a ti cuando necesite ayuda, incluso si es su culpa estar en el lío en el que se ha metido, tal como decidió hacerlo, bebió en una fiesta y ahora tiene miedo de conducir a casa. Es probable que un adolescente que confía en el amor incondicional de sus padres llame y pida que lo lleven a casa, sabiendo lo peligroso que puede ser conducir a casa después de beber. Esto es algo bueno: significa que tu hijo ha desarrollado habilidades de afrontamiento y sabe que puede comunicarse contigo.

Proporcionar un amplio espacio

Es importante enseñarle a tu hijo cómo manejar los problemas. Por eso, debes darle a tu hijo el espacio necesario para cometer errores para enseñarle a resolverlos. Si tu hijo nunca comete errores, nunca estará en una posición en la que tenga que arreglar las cosas, lo que significa que nunca desarrollará habilidades cruciales que necesitará cuando sea adulto. Si resuelves todos los problemas para tu hijo a medida que surgen, todo lo que tu hijo aprenderá es que tu siempre estarás allí para ayudarlo, pero ¿qué sucede cuando ya no está allí? Todas las personas mueren en algún momento, y si tuviera una muerte prematura al final de la adolescencia de tu hijo o al principio de la edad adulta, no tendría las habilidades que necesitaría para sobrevivir socialmente.

Ningún padre disfruta ver sufrir a su hijo; sin embargo, es una parte importante del crecimiento. En lugar de tener miedo de que tu hijo fracase, debes reconocer que fracasar es un paso necesario para tener éxito. Hay muchas cosas que fallan docenas de veces, o incluso cientos, miles o incontables veces antes de que alguien tenga éxito. Piensa en aterrizar en la luna; eso alguna vez fue una imposibilidad, pero ahora se acepta comúnmente como factible. Debes poder brindarle a tu hijo el espacio necesario para explorar y desarrollar habilidades importantes.

Al tener el espacio necesario para desarrollarse individualmente, tu hijo está trabajando sobre las bases para resolver problemas y comunicarse de manera efectiva con sus compañeros. Estas habilidades son invaluables y absolutamente necesarias para ser un adulto exitoso.

Relaciones de mentoría

. . .

En lugar de ver la relación padre-hijo como el padre en una posición de poder o autoridad sobre el niño, o ver la relación padre-hijo como una amistad, debes intentar crear una relación de tutoría entre ustedes dos. Dentro de una relación de tutoría, tú reconoces que estás enseñando y guiando a tu hijo en lugar de controlarlo y afirmar su autoridad sobre él.

El necesita ser tratada como su propio individuo en lugar de ser controlada. El es su propia persona y tendrá sus propios gustos, aversiones, emociones y preferencias. Tu trabajo es asegurarte de que tenga las habilidades sociales y la inteligencia emocional para hacer frente a cualquier cosa que la vida le depare mientras le permite florecer y convertirse en quienquiera que esté destinada a ser.

Si mantienes tu relación en términos de tutoría en lugar de una basada en la autoridad que se le ha conferido simplemente porque es el padre, tendrás una mejor mentalidad. Tu trabajo es enseñar, no mandar.

Mantendrás tus interacciones con tu hijo adaptadas para informar la mejor manera de actuar en lugar de exigirlo. Así como puede llevar a un caballo al agua, pero nunca puedes obligarlo a beber, no puedes obligar a tu hijo a seguir adelante con lo que le haz sugerido. Lo mejor que puedes hacer es esperar que tú modelado y enseñanza hayan valido la pena y que tu hijo haya escuchado tú sugerencia.

Límites saludables

Cada relación requiere límites saludables, y la relación padre-hijo no es una excepción. Si bien tu hijo debe sentirse cómodo viniendo a hablar contigo en confianza sobre cualquier cosa, eso no debe ser recíproco. No debes cargar a tu hijo con tus propios pensamientos o sentimientos pesados, especialmente si esas cosas son relevantes para el otro padre de tu hijo. No debes tratar de hacer de su hijo su propio confidente. Si bien es cierto que debes ser abierto y honesto, debes ceñirte a los hechos en lugar de darle al niño detalles que no debe conocer.

Del mismo modo, también debería haber límites en el otro sentido. Tu hijo necesita desarrollar su independencia en alguna parte, y tú debes asegurarte de darle a tu hijo toda la privacidad que él o ella solicite, siempre y cuando sea seguro hacerlo. La mayoría de los adolescentes estarán bien con ese tipo de privacidad, salvo cualquier otro problema de salud física o mental, y debes dárselos.

Como es de esperar que tu hijo finalmente ingrese al mundo por su cuenta, también debes respetar los deseos de límites o privacidad, lo que le da a tu hijo la oportunidad de comenzar a dominar el manejo de las emociones y la resolución de problemas, dos de las partes importantes de la inteligencia emocional. Los niños a los que se les dan las riendas mientras siguen siendo guiados por ti tienen muchas más probabilidades de tener éxito que los niños a los que se les dirige constantemente, o los niños que no reciben ninguna guía real en absoluto. Respetar esa delgada línea entre seguir, cruzar y no acercarse lo suficiente al límite es difícil, pero vale la pena cuando se trata de la inteligencia emocional de tu hijo.

Errores comunes del coaching de emociones

Dentro del coaching emocional, pueden ocurrir varios errores con bastante frecuencia. No debería sorprendernos: el coaching emocional es una serie de habilidades tanto como lo es la inteligencia emocional, y requiere práctica para hacerlo bien. Ningún padre es mágicamente fantástico en el entrenamiento emocional, y ningún padre lo entiende perfectamente desde el principio sin cometer errores en algún momento. La perfección y los humanos no van de la mano, y no debes sentirte mal por cometer alguno de estos errores. En cambio, tal como enseñas a tus hijos, considera tus errores como oportunidades de aprendizaje y procura evitar cometerlos también en el futuro. Con práctica y constancia lo conseguirás.

Demasiado permisivo

Si uno de los elementos importantes del coaching emocional es proporcionar espacio para que el niño se desarrolle y crezca por sí mismo, no debería sorprender que las personas a menudo corrijan demasiado y concedan demasiado a sus hijos. libertad. A menudo, esto se puede hacer con buenas intenciones, pero dicen que el camino al infierno está pavimentado con ellos. No importa qué tan bien intencionado haya sido, tu hijo necesita orientación en alguna parte. Sí, se debe permitir que tu hijo cometa errores y se tambalee de vez en cuando, pero no dejes que tu hijo se tambalee solo.

.   .   .

Debes estar allí para atrapar a tu hijo antes de que se lastime gravemente. Todavía está allí para guiar a tu hijo, incluso si no estás microgestionando. Piensa en esto como si estuvieras supervisando a tu hijo pequeño en el patio de recreo: tú estás allí si tu hijo te necesita, pero no tratando constantemente de decirle cómo jugar o qué hacer o decir. No permitirías que tu hijo pequeño intente trepar por la parte exterior del tobogán que mide 15 pies de altura y probablemente intervendría si viera a su hijo intentarlo. Debes adoptar ese mismo tipo de postura con tu hijo en otros aspectos de la vida, permitiéndote experimentar y explorar, pero trazando una línea donde las líneas deben trazarse por razones de seguridad.

Si sabes que tu hijo tiene relaciones sexuales sin protección, por ejemplo, no debes permitir que eso continúe. Si bien no necesariamente puede vigilar la vida sexual de un adolescente, ni puedes controlar a tu adolescente a todas horas todos los días, puedes intervenir, tener una charla sobre sexo seguro y ofrecer llevar al adolescente a obtener un método anticonceptivo y proporcionarle condones esto no es demasiado controlador, esto es enseñarle a tu hijo lecciones para toda la vida y asegurarte de que no hagas algo que podría tener repercusiones permanentes para él, como tener un hijo cuando era adolescente o contraer una ITS. Enseñar a tu hijo sobre prácticas sexuales seguras, consentimiento y control de la natalidad está dentro del ámbito normal de las responsabilidades de los padres, y no tener esas conversaciones rozaría la negligencia.

Resolviendo el problema para el niño

¿Recuerda cómo el no ayudar al niño en absoluto era un problema y hacía que el niño tuviera dificultades para resolver los problemas? Bueno, hacer todo el trabajo es otra corrección excesiva común. Las personas pueden sentir que son demasiado permisivas y corrigen en exceso al no permitirle al niño ninguna oportunidad de intentar resolver el problema. Los padres pueden insertarse donde no son deseados o injustificados, en lugar de permitir que sus hijos crezcan. Estos niños se vuelven demasiado dependientes de sus padres y, en general, son incapaces de manejar la vida por sí mismos.

Con frecuencia, sus compañeros los menosprecian debido a su naturaleza atrofiada y nadie quiere entablar amistad con la persona con la madurez emocional de alguien varios años menor que ellos. Especialmente una vez que tú hijo vaya a la universidad, si eso es algo que elige hacer, tendrás grandes dificultades si has pasado toda tu vida resolviendo las cosas para él. Necesita tener la oportunidad de crecer por sí mismo sin la participación de los padres, ya que en realidad es solo el primer 20% más o menos de la vida de una persona que requiere una participación tan intensa de otra persona. Especialmente a medida que tu hijo adolescente atraviesa la adolescencia media y tardía, necesita experimentar las consecuencias del fracaso. Si necesita que sus pantalones cortos de gimnasia estén limpios para el día siguiente, pero los dejaste en la lavadora toda la noche, no los muevas; que sufra las consecuencias cuando se despierte y los encuentre empapados y oliendo a moho a la mañana siguiente. Necesita aprender a confiar en sí mismo para prepararse para el mundo real. Del mismo modo, si elige no escribir un artículo, no le proporciones una salida, una ausencia justificada, ni siquiera lo ayudes a escribirlo. Que sufra las repercusiones, aunque eso deje huella en sus notas o no pueda jugar su partido de baloncesto por problemas académicos.

Límites insalubres o inexistentes

. . .

Los límites son importantes. Eso ya ha sido establecido. Sin embargo, esos límites tienen que ser saludables.

Los límites no saludables, como los límites que son demasiado estrictos o los límites inexistentes, en realidad pueden resultar emocionalmente dañinos en lugar de beneficiosos. Puede ser difícil cuidar el equilibrio entre ellos y, con demasiada frecuencia, los padres se alejan demasiado de esa línea de búsqueda y se adentran en el territorio de los límites insalubres.

Cuando se trata de límites poco saludables, el padre puede poner demasiado énfasis en que el niño escuche conversaciones que son inapropiadas, como las relaciones entre los padres u otros temas de conversación poco razonables. Esto puede hacer que el niño sienta que debe ser el apoyo emocional de sus padres y no al revés. Esto no es saludable y le roba al niño la inocencia, obligándolo a crecer demasiado pronto. Si un niño escucha con frecuencia a su madre quejarse de su padre u otras relaciones, la madre está poniendo al niño en un papel en el que se siente obligada a apoyar emocionalmente y cuidar a su madre, aunque eso no sea de su incumbencia y probablemente inadecuado. Este niño aprende a alejar sus propias emociones en favor de las de otras personas y nunca aprende realmente habilidades de autorregulación.

. . .

Por otro lado, los niños cuyos padres tienen límites que son demasiado estrictos, como un padre que no desea escuchar ninguna discusión emocional, crecen sintiéndose infravalorados.

Un padre que establece límites que son demasiado estrictos deja al niño con la sensación de que le faltan partes de esos lazos estrechos que normalmente se desarrollan con los padres. En cambio, el niño siente la necesidad de buscar ese vínculo en otro lugar, e incluso puede involucrarse en comportamientos más riesgosos en busca de la relación que debería haber desarrollado con los padres. Este niño puede buscar relaciones románticas, incluso si no son saludables, solo para sentirse cercano a alguien si los padres no cumplen ese papel. Esto también puede conducir a una exposición temprana a todo tipo de temas y cosas con las que los niños o adolescentes no tienen por qué experimentar. Asimismo, es poco probable que este niño aprenda las habilidades necesarias para autorregularse o interactuar adecuadamente con otras personas. Debido a que el padre del niño prefiere mantener la relación dentro de términos estrictos y puede que nunca permita que el niño experimente más allá de lo que dicta el padre, el niño nunca aprende cómo interactuar con otros o comunicarse cuando puede sentir que no se están satisfaciendo sus necesidades.

Demasiado estricto

A veces, los padres intentan ser padres, pero solo logran ser demasiado estrictos. En lugar de crear un ambiente seguro y controlado para que sus hijos aprendan, ellos en su lugar, toman medidas enérgicas para que nunca haya nada que aprender.

Es posible que a tus hijos nunca se les permita jugar con ciertas multitudes debido a percepciones erróneas, o es posible que no tengan la oportunidad de ir a pijamadas o fiestas debido a que sus padres piensan que son inapropiados. Es posible que se les niegue la posibilidad de tener citas durante la adolescencia, cuando los niños están aprendiendo todo sobre sus preferencias y cómo tener relaciones románticas sin dejar de tener la guía de los padres.

. . .

Estos niños se pierden muchos aspectos del desarrollo social que son cruciales para aprender todos los aspectos de la inteligencia emocional. Cuando finalmente tienen la edad suficiente para liberarse en el mundo real, a menudo tienen un retraso en el crecimiento emocional grave e incluso pueden corregir en exceso, experimentando con todo lo que se les negó en la infancia. Es probable que carezcan de control sobre sí mismos, ya que tener el control nunca fue una opción. Dado que sus padres dictaban todo, nunca aprendieron a tomar las decisiones correctas ni a enfrentar las consecuencias de las malas decisiones cuando eran niños, cuando los efectos a largo plazo suelen ser mínimos en comparación con los que suceden en la edad adulta. Considere a un adolescente que se involucra en una pelea e impulsivamente golpea a alguien; eso quedará registrado en su historial y puede meterse en problemas, pero es menor de edad y los antecedentes penales de los menores generalmente se consideran confidenciales.

Sin embargo, si ese mismo adolescente golpea a alguien a los 19 años poco después de mudarse, eso se considera un delito cometido en la edad adulta y se convierte en un registro público, lo que estropea su verificación de antecedentes durante los próximos años.

Al ser demasiado estricto, le haces un gran favor a tu hijo. Tu hijo necesita aprender a autorregularse y controlarse mientras los riesgos aún son bajos. Como niño y adolescente, esos riesgos son los más bajos que jamás habrá.

8

Estrategias De Entrenamiento De La Emoción

EL COACHING emocional es una parte integral de la crianza de niños emocionalmente inteligentes. Es el paso intermedio entre los elementos de coaching y la inteligencia emocional.

Sin entrenamiento emocional, los niños no reciben las mejores bases para desarrollar un alto EQS. Mientras crece en hogares sin emociones, el coaching no necesariamente condena a un niño al fracaso como adulto; ciertamente no le hace ningún favor al niño. Puede llegar a ser bastante inteligente emocionalmente a pesar de su educación, pero su educación no es lo que lo causó a menos que elija ser exactamente lo contrario de lo que estuvo expuesto durante toda su vida.

. . .

¿Qué es el Coaching Emocional?

En pocas palabras, el coaching emocional es un tipo de estrategia de comunicación. Está destinado a apoyar a niños y adolescentes mientras desarrollan su propia inteligencia emocional y aprenden a manejar sus propias relaciones.

Esta estrategia de crianza les enseña a los niños a comprender sus propias emociones, así como a manejarlas y hacerles frente de manera productiva. Cinco pasos se unen para crear un coaching emocional efectivo y exitoso.

Estos son:

- Ser consciente de las emociones del niño.
- Tratar emociones como buscando oportunidades.
- Escuchar y validar sentimientos.
- Ayuda al niño a resolver el problema.

Cuando los cinco pasos se unen hábilmente, nace un estilo de crianza con énfasis en la empatía y el desarrollo de niveles más altos de inteligencia emocional. Es un estilo de crianza muy intensivo y requiere mayores niveles de paciencia y tiempo, pero ese esfuerzo bien vale la pena cuando tu hijo está más preparado para las adversidades que enfrentará en el futuro, así como también cuando notas las tuyas, mejora de la relación con el niño.

Paso 1: Estate al tanto de sus emociones (¡y las tuyas!)

La inteligencia emocional es, como está implícito, todo acerca de las emociones. Por supuesto, la base es tener un conocimiento general de las emociones. Así como la base de la inteligencia emocional es la auto-conciencia, debes ser consciente de las emociones de tu hijo para poder entrenar emociones de manera eficaz. Un entrenador de emociones efectivo debe ser un maestro en su propia autorregulación.

Presta atención a tus propias emociones primero, sin importar cuáles sean, y compréndelas. Del mismo modo, también debes prestar atención a las emociones de tu hijo.

. . .

Presta especial atención a cómo tú hijo se expresa en varios contextos con diferentes emociones. Necesitas aprender las expresiones emocionales de tu hijo si esperas entrenarlo.

Estate atento al lenguaje corporal y las expresiones faciales que pueden ser útiles en el futuro para ayudarte a comprender cómo se siente tu hijo de un vistazo. Esto será crucial cuando intentes entrenar emociones.

Si tienes dificultades para identificar tus propias emociones, sería prudente trabajar primero en fortalecer tu propia autoconciencia antes de continuar.

Recuerda, el entrenamiento emocional requiere mucha inteligencia emocional por parte de los padres para tener éxito; si tienes dificultades para identificar tus propios sentimientos y emociones con regularidad, también tendrás dificultades para leer con precisión los de tu hijo.

. . .

Para ver cómo podrías desarrollarte este paso, considera este ejemplo: si ves a tu hijo en una situación difícil, puedes notar cómo frunce el ceño con frustración, junto con un pequeño ceño fruncido mientras todo su cuerpo se tensa mientras miras fijamente en cualquier cosa que lo esté frustrando.

Puedes notar cómo puedes ver la frustración en sus ojos, y luego lo ves pisar fuerte y apretar los puños mientras trata de averiguar qué hacer para resolver su frustración. Su voz puede ser más aguda cuando habla, o puede quejarse y decir que está atascado y necesita ayuda. Cuanto más te concentres en el lenguaje corporal de tu hijo, es posible que comiences a identificar señales más pequeñas de su estado emocional, como la forma en que puede morderse el labio cuando está asustado o cómo puede arquear ligeramente una ceja cuando está desconcertado. Estate atento a los patrones hasta que comprendas los entresijos del lenguaje corporal de tu hijo.

Con un adolescente, esto puede ser un poco más difícil.

. . .

Los adolescentes son propensos a enfurruñarse por su naturaleza e incluso pueden concentrarse en ocultar sus emociones y parecer geniales y serenos en todo momento. Incluso con adolescentes, es posible que pueda notar señales emocionales. Tal vez su voz tiembla un poco cuando está molesta, o tiende a jugar con su cabello cuando está nerviosa. Incluso los adolescentes que se esfuerzan lo mejor posible tienen algunos indicios emocionales que podrá identificar si se concentra lo suficiente en tratar de descubrirlos.

Paso 2: Ve las emociones como oportunidades de enseñanza y aprendizaje

¿Recuerdas cómo con la inteligencia emocional, las oportunidades de aprendizaje provienen del fracaso? Bueno, ¡también vienen de las emociones en general! Especialmente cuando las emociones y las tensiones son altas, puede cometer errores. Se necesita mucho auto-control para poder regular tus propias reacciones, especialmente si las emociones que sientes son negativas.

Es probable que tengas dificultades con este paso si tienes dificultades con la autogestión por ti mismo. Necesitas poder controlar tus propias emociones y reac-ciones si esperas poder recomendar formas de manejar las de tu hijo, especialmente si las emociones de tu hijo están dirigidas hacia ti. Es fácil sentirte frustrado si tu hijo grita "¡Te odio!" una y otra vez en su enfado por negarte a permitirle comer el postre antes de la cena, después de todo.

Una vez más, dentro de este paso, debes prestar mucha atención a cómo se siente tu hijo. Cuando las emociones comienzan a desbordarse, esta es tu señal para comenzar un momento de aprendizaje. Puedes identificarle los sentimientos de tu hijo, poniendo una palabra a esos sentimientos fuertes que tu hijo puede no entender del todo, dependiendo de la edad. También puedes proporcionarle a tu hijo formas de lidiar con sus emociones fuertes, guiándolo a través de los pasos uno por uno.

Por ejemplo, si tu hijo de seis años está llorando desconsoladamente porque se le cayó la obra maestra de las piezas de rompecabezas que pasó toda la tarde construyendo y la rompió, tu tienes la oportunidad perfecta para guiar a tu hijo a través de esa decepción y consternación.

. . .

Debes acercarte a tu hijo y ponerte al nivel de tu hijo. Pon una mano en su hombro y dile que se ve muy frustrado y triste en este momento, y pregúntale si quiere un abrazo. Respeta cualquiera que sea su respuesta a esa pregunta y continúa con algo como "¿Estás frustrado?" Espera a que responda. "¿Sabes lo que hago cuando estoy molesto como tú? Me gusta respirar profundamente, contener el aire, contar hasta cinco y luego exhalar tan fuerte como pueda. ¿Te gustaría intentar hacer eso?" ¿también?" Pídele amablemente a tu hijo que siga tu método. Si se muestra reacio, no lo presiones, pero quédate ahí con tu hijo e intenta ofrecerle otro método para calmarse. "¿Qué pasa si pisoteas tres veces? ¿Te sentirías mejor entonces?"

Si tu hijo se niega a intentarlo, no hay mucho que puedas hacer más que estar ahí para él.

Si bien no debes castigar a tu hijo, sugerirle que se tome un momento privado para recomponerse es aceptable si lo que quiere hacer es llorar. El objetivo aquí es guiar a tu hijo para que haga frente a las emociones antes de que pase de estar molesto a portarse mal o actuar mal. Llorar por sí solo no es una forma de actuar y nunca debes decirle a tu hijo que no llore o que no sea un llorón. Si tu hijo comienza a calmarse, puedes pedirle que hable sobre lo que sucedió y por qué se siente así para alentarlo a hablar sobre sus emociones.

Con un adolescente, este paso suele ser un poco más difícil.

Los adolescentes son mucho más distantes que los niños la mayor parte del tiempo y tal vez mucho más reacios a hablar sobre las emociones con los padres. Sin embargo, aún debes tratar de alentarlo. Si tu hijo adolescente llega a casa y parece un poco más reservado y melancólico que de costumbre, puedes preguntarle qué sucedió. Estate preparado para que la respuesta sea que no pasó nada y que todo está bien, y recuerda no entrometerte, sin importar cuánto lo desees. Recuérdale amablemente a tu adolescente que tu estás allí si quiere hablar y seguir adelante.

Si tus emociones comienzan a impactar a otras personas, como por ejemplo, regañar a la gente en la mesa de la cena, pídele a tu hijo que haga la tarea con delicadeza y recuérdale que chasquear no es aceptable, pero que puede hablar contigo sobre cualquier cosa que le esté molestando a él. Si se niega firmemente a hablar contigo, también puedes fomentar la expresión emocional a través de un diario o animándolo a hablar con amigos, o incluso ofreciéndole un terapeuta si notas que sus emociones se están descontrolando.

Paso 3: Escucha y valida los sentimientos de tu hijo

El paso 3 requiere que uses dos habilidades para ayudar mejor a tu hijo: tanto la empatía como las habilidades para escuchar. Se necesita mucho esfuerzo para escuchar y comprender realmente lo que alguien más dice, y esa habilidad es algo por lo que mucha gente tiene que salir de su camino para fortalecer. Si las habilidades para escuchar son algo con lo que tienes problemas, trabaja en ellas mientras intentas este paso. Esa es una habilidad que te será muy útil y también beneficiará a tu hijo.

Para validar los sentimientos de tu hijo, debes asegurarte de tomar en serio lo que dice. No desestimes ni critiques sus emociones, ya que eso solo sirve para que se sienta invalidada y se pierde todo el sentido de este paso. Las emociones, sin importar cuáles sean, son válidas si se sienten.

· · ·

No hay formas correctas o incorrectas de sentirse en ciertas situaciones, y es necesario respetarlas y recordarlas. Si tu hijo se acerca a ti con sentimientos específicos, siempre debes reconocerlo y aceptarlo. Además, debes asegurarte de mostrarle a tu hijo que estás escuchando e incluso tratar de parafrasear lo que le dice para asegurarte de que lo entiendes. Al repetir lo que te ha dicho, le das la oportunidad de corregir cualquier malentendido.

Piensa en tu hija de 5 años que se te acerca y te dice: "Estoy muy decepcionada de que no me hayas llevado al papel hoy como siempre lo hacemos los lunes". Ella podría mirarte y hacer un puchero. Su reacción visceral puede ser reaccionar a la defensiva. Sí, normalmente puedes llevarla al parque los lunes por la noche, pero ese día en particular, habías tenido una reunión tarde en el trabajo y luego el tráfico había sido terrible en el camino a casa, y puedes haber estado una hora y media tarde, consumiendo el tiempo que normalmente usaría para el parque. En su lugar, debes tratar de entender lo que dice tu hijo. Dile que comprendes y que también está decepcionado por no haber podido ir al parque hoy, y pregúntale si pueden ir los dos mañana.

· · ·

Tal vez tú hijo adolescente se te acerque y te diga que está molesto porque lo sigues obligando a hacer tareas y que tienes que entregar sus aparatos electrónicos a las 10 p. m. en las noches de escuela. Puedes tratar de argumentar que tu amigo no tiene toque de queda ni tareas, por lo que no se le debe exigir que haga esas cosas porque no es justo.

Él descarga estas frustraciones contigo y luego te pide que elimines los requisitos.

Esta es una situación delicada, ya que no estar de acuerdo con él puede parecer que invalida sus emociones. Esta situación requiere tacto y una comunicación hábil. Puedes responder diciendo que también te sentías frustrado por tener que hacer tareas cuando era niño. Recuérdale que tu no eres el padre de su amigo y que las reglas de su casa se mantienen, sin importar cuán frustrantes puedan ser para él.

Reconoce que sus sentimientos son válidos y que es más que bienvenido si se siente así, pero esos sentimientos no te obligan a cambiar tus reglas, sin importar cuán injusto pueda sentir que es. Recuérdale que cuando sea adulto y esté en su propia casa, es más que bienvenido a establecer sus propias reglas, pero por ahora tiene que vivir con las tuyas.

Paso 4: Etiqueta las emociones

El paso 4 vuelve a lo básico: la autoconciencia. Hasta ahora, has notado las emociones de tu hijo, te has propuesto reconocer los sentimientos de tu hijo y has escuchado lo que tu hijo ha dicho sobre sus sentimientos sin invalidarlos, y ahora es el momento de ayudar a tu hijo a identificar cómo se puede sentir.

Con este paso, debes buscar nombrar las emociones de tu hijo, identificar las emociones que puedes ver presentes y alentar a tu hijo a usar el vocabulario emocional.

Ponerle un nombre al sentimiento lo hace menos abrumador y menos intimidante. Le permite a tu hijo saber exactamente con qué está lidiando. Por mucho que saber exactamente qué esperar es menos frustrante o molesto que ser tomado por sorpresa, el hecho de que tu hijo pueda nombrar exactamente lo que siente le quitará parte de la falta de control que pueda estar sintiendo.

. . .

Este paso también debe ser seguido por ti mismo: Nombra tus emociones a tu hijo a medida que las sientes para dar el ejemplo y ayudar a tu hijo a comprender que las emociones son normales y aceptables, al mismo tiempo que ayudas a tu hijo a desarrollar un buen vocabulario para las emociones que es probable que encuentre.

Considera a tu hijo de cuatro años haciendo un berrinche porque se equivocó de color en la placa. Tal vez él había pedido el rosa, pero no lo escuchaste y le diste el plato rosa a su hermano menor. Esto ha enfadado a tu hijo de cuatro años, y está llorando por el color mientras insiste en que su hermano le dé el plato, a pesar de que los dos platos tienen comida completamente diferente, ya que a su hermano le faltan los alimentos que tienden a causarle malestar estomacal a tu hijo de cuatro años le encanta comer.

Ponte a su nivel y di: "Puedo ver que estás muy frustrado en este momento, ¿no es así?". Probablemente asentirá con la cabeza enojado en respuesta. "Lamento no haberte oído pedir rosa, ¿qué tal si te llevas el plato rosa para la cena? Pero por ahora, tu hermano está comiendo su comida y no puedes quitarle el plato. Siento que estés tan molesto y frustrado, pero la frustración no es una buena razón para que tu hermano deje de comer. Eso también lo entristecería y frustraría". Puede o no estar de acuerdo en esperar hasta la cena para el plato rosa, pero no importa el resultado, lo has animado a pensar en la palabra frustrado.

Con un adolescente, las cosas probablemente serán un poco más matizadas. Si tu hijo adolescente se acerca a ti y se porta mal y les grita a todos, puedes preguntarle por qué está tan irritado con la esperanza de descubrir cuál es su problema. Puede que se encoja de hombros y no te dé una respuesta, pero al menos, le has puesto un nombre a sus sentimientos, o al menos, lo que supones que son sus sentimientos. Es mucho más probable que obtengas resultados internalizando un buen uso de los términos emocionales al dictar tus propios sentimientos: "Me siento realmente frustrado cuando criticas a todos de esa manera. ¿Podemos usar palabras y tonos más amables en su lugar?"

Paso 5: Fomentar la resolución de problemas

Este paso se trata de solucionar los problemas antes de que se salgan de control.

. . .

Debes corregir las malas conductas de tus hijos y asegurarte de enfatizar que la conducta es el problema, no la emoción. Puedes hacer esto explicando por qué el comportamiento es incorrecto. Enfatiza que las emociones deben expresarse, pero a través de palabras, no actuando. Este es un buen momento para comenzar a ofrecer soluciones sobre cómo solucionar el problema también. Ten en cuenta que se necesita tiempo para enseñar a los niños a pensar críticamente sobre los problemas y comenzar a identificar soluciones, pero es una habilidad crucial para aprender. Puede ser más fácil decirle a tu hijo cómo arreglar las cosas, pero eso no le servirá a largo plazo. En cambio, alentarla a explorar soluciones con tu supervisión es una opción mucho mejor.

Además, cuando le enseñes a tu hijo a resolver problemas, asegúrate de elogiarlo cada vez que haga algo bien o resuelva un problema por su cuenta, para que sepa que está en el camino correcto.

Supón que tu hija de 6 años está molesta porque su hermano menor derribó accidentalmente el gran castillo de bloques que estaba construyendo. La escuchas gritar, "¡No!" y escucha el sonido de los bloques volando, y tu hijo más pequeño sale corriendo, llorando y agarrándose la cabeza.

Tu hija le arrojó un bloque porque derribó su castillo.

En esta situación, debes dirigirte a tu hijo e identificar que está bien sentirse frustrado y enojado, pero tirar bloques no es seguro ni aceptable bajo ninguna circunstancia. Señala cómo tirar el bloque lastimó a su hermano y lo hizo llorar, y pregúntale si sabe qué debe hacer a continuación. En este punto, es posible que se disculpe y diga que puede volver a construirlo, o que se mantenga firme y se niegue a realizar cambios en su comportamiento. Si no quiere cambiar su comportamiento, puedes intentar enviarlo a un tiempo fuera hasta que esté listo para comportarse, ya que los niños que no están listos para ser amables no necesitan pasar tiempo con los demás.

Imagínate que tu hijo adolescente llega a casa molesto por haber reprobado un examen. Tu sabes que la noche anterior a la prueba, pasó el día jugando videojuegos y luego pasó la noche durmiendo. Ni siquiera había intentado estudiar en absoluto, y lo sabes. Molesto, te dice que es muy tonto y que nunca podrá ir a la universidad a la que realmente quiere asistir.

Le preguntas qué pasó con la prueba y él dice que no sabe. Le preguntas si estudió y lo ves apartar la mirada tímidamente. Vuelves a preguntar y él responde con sinceridad, no creía que necesitara estudiar porque se había sentido confiado con el material. Luego, puedes preguntarle qué podría hacer la próxima vez para asegurarse de que tiene la cantidad adecuada de tiempo para estudiar, y verás el clic de realización. Parece haber captado la idea.

9

Entrenamiento Emocional A Medida Que Tu Hijo Crece

10 CONSEJOS para ser consciente de las emociones de tu niño o adolescente:

1. Tómate unos momentos cada vez que interactúes con tu hijo para estudiar realmente sus expresiones y ponerlas en contexto con lo que está sucediendo en ese momento. ¿Se cruza de brazos cuando está molesta? ¿Arruga la cara cuando sonríe cuando está extasiado? Aprende la sutil diferencia entre positivo y negativo de las emociones activas.

2. Observa cómo tu hijo sostiene su cuerpo en una amplia gama de situaciones y trate de encontrar patrones en la postura basados en las emociones. ¿Se mantiene erguido y erguido cuando está orgulloso o

feliz? ¿Parece tratar de retroceder cuando está triste o asustada? ¿Parece combativo cuando está enojado?

3. Escucha la voz de tu hijo y busca matices que te permitan identificar el estado emocional de tu hijo. ¿Le tiembla la voz cuando está triste? ¿Hay un chillido en sus palabras cuando él está emocionado de estar en algún lugar o haciendo algo? ¿Puedes escuchar la incertidumbre en sus palabras cuando no sabe qué hacer a continuación?

4. Busca pequeñas peculiaridades o hábitos que tenga tu hijo cuando se siente de cierta manera, como morderse las uñas cuando está nervioso o girar el cabello cuando está inquieto. Estos pueden decirle mucho más que las palabras, especialmente si tu hijo tiene algunas peculiaridades reveladoras, como mover los pies de un lado a otro o no poder quedarse quieto cuando lo descubren siendo deshonesto.

5. Tómate el tiempo para estudiar la cara de tu hijo cuando duerme para tener una idea clara de cómo se ve la cara relajada del niño. ¡Especialmente si tu hijo no se ha acostado contigo por un tiempo, puede verse dife-

rente de lo que recuerdas! Tómate unos momentos para estudiar realmente ese rostro durmiente y observa cómo sus facciones se suavizan en comparación con lo que estás acostumbrado a ver durante el día.

6. Aprende a hablar el lenguaje corporal de tu hijo adolescente: trata de captar posturas o expresiones ligeramente diferentes que tu hijo adolescente pueda tener que te ayudarán a identificar su estado emocional.

Los adolescentes suelen ser mucho más reservados con sus emociones, por lo que aprender las sutilezas del lenguaje corporal de tu hijo probablemente sea una de tus mejores opciones para comprender cómo se siente.

7. Presta atención a lo que tu adolescente esté enfatizando en ese momento. Algunos adolescentes escriben en sus diarios o escriben obsesivamente durante los momentos difíciles, mientras que otros pueden jugar diferentes tipos de videojuegos según su estado de ánimo. A veces, también reproducirán la música que se relaciona estrechamente con cómo se sienten. Presta atención a cómo tu hijo adolescente pasa su tiempo cuando está en casa.

. . .

8. No importa cuán tentador pueda ser, **NO** intentes tomar el diario o el teléfono de tu adolescente, ni invadas la privacidad de tu adolescente a menos que tengas una buena razón para hacerlo. Sí, tú podrías aprender lo que está sucediendo y cuál es la posición emocional de tu adolescente, pero eso es una traición significativa a la confianza y hará mucho más daño que bien.

9. Trata de identificar los trasfondos cuando tu adolescente se abre contigo. Escucha el lenguaje que se está utilizando, ¿es autocrítico o es juguetón y confiado? ¿Es inherentemente enojado o más positivo y optimista? Puedes aprender mucho sobre las personas escuchando los matices detrás de las palabras o prestando atención al contexto.

10. Observa cómo interactúa tu adolescente con sus compañeros (¡desde lejos, por supuesto!). Si tu amigo invita a sus amigos, trata de mantenerte fuera del camino mientras prestas atención a cómo parece interactuar con sus amigos. ¿Están charlando felizmente, riéndose y disfrutando de la compañía del otro? ¿Parecen molestos o deprimidos? ¿Ves algo inherentemente preocupante cuando sale con sus amigos? Esta puede ser la imagen más honesta que obtendrás de los estados emocionales de tu hijo, ya que seguramente

será más expresivo con sus amigos que con la familia en esta etapa.

10 consejos para abordar las emociones de tu niño o adolescente como oportunidades de aprendizaje

1. Cuando algo sale mal cuando tu hijo está tratando de hacer algo, pregúntale cómo se siente al respecto y anímalo a ser lo más expresivo o descriptivo posible. Es posible que debas agregar preguntas de guía aquí, como preguntar si todo lo que siente es enojo o si hay más de una emoción que la molesta en ese momento. Tu quieres que sea lo más honesto posible contigo y que practique el uso de tantas palabras descriptivas como pueda para fomentar las habilidades de comunicación.

2. Pídele a tu hijo que piense en cómo podría convertir ese evento negativo en algo positivo y productivo.

Si su dibujo no se parece mucho a un dragón, tal vez podría convertirlo en otra cosa y crear una historia al respecto en lugar de centrarse en fallar en alcanzar la perfección. Esto le recuerda a tu hijo que la imperfección aún puede ser grandiosa o inspiradora y que siempre hay luz que encontrar en una situación, incluso si no resultó como tu hijo esperaba. Esto también le enseña a tu hijo a ser flexible.

3. Haz un pastel con tu hijo. Anúncialo como el pastel más delicioso y deja que tu hijo te ayude a decorar. Cuando le des la primera rebanada, pídele que rompa el pastel con una espátula. Cuando lo hagas, pídele que te dé un mordisco y luego pregúntale si todavía está bueno, aunque ya no era exactamente lo que esperaba.

4. Cuando veas una película con tu hijo, pídele que identifique los sentimientos de otros personajes. Pregúntale por qué se sienten así. Anima a tu hijo a ser lo más descriptivo posible con las emociones para fomentar un vocabulario emocional más amplio. Anímalo a probar esto en puntos emocionales clave de la película con una amplia variedad de personajes. Esto no solo lo hace pensar en las emociones, sino que también lo alienta a ejercitar su cerebro a través del análisis y la comprensión.

· · ·

5. Pídele a tu hijo que imagine cómo se sentiría si estuviera en el lugar de otro personaje al ver un programa de televisión.

Esto la anima a pensar con empatía, imaginando si reaccionaría de manera similar o intentaría un enfoque completamente diferente. Pídele que explique su razonamiento mientras hace esto tan claramente como pueda.

6. Anima a tu adolescente a considerar cómo sus acciones alimentadas emocionalmente impactaron a un amigo o familiar. Quiere que identifique cómo sus propias acciones también pueden afectar a muchas personas a su alrededor, incluso si no tenía la intención de hacerlo.

7. La próxima vez que estés molesto con tu adolescente, conviértelo en un ejercicio de empatía. Pídele que identifique sus sentimientos y que haga todo lo posible para explicar por qué se siente así. Convierte esto en una discusión contigo diciéndole cómo se siente realmente y la razón detrás de esto si la suposición de tu adolescente fue incorrecta.

. . .

8. Intenta identificar los pensamientos, sentimientos y emociones de las personas de un vistazo para pasar el tiempo mientras conduces o viajas con tu adolescente.

Tienes que mirar a alguien, decir cómo te sientes y ofrecer una razón, ya sea humorística o seria, y tú tienes que decidir si es realista y viceversa.

9. La próxima vez que tu adolescente tenga un gran arrebato, anímala a reflexionar sobre ello, sin juzgarla después de que hayan disminuido las tensiones. Explícale que estás feliz de escuchar, siempre y cuando tu adolescente sea consciente de sus emociones y no arremeta ni lastime a otras personas.

10. La próxima vez que tu y tu adolescente presencien un altercado o una discusión, pregúntale qué haría él para evitar estar en una situación como esa. No necesariamente tienes que responder en voz alta, pero querrás que comience a pensar en temas emocionales difíciles.

10 consejos para escuchar y validar las emociones de tu niño o adolescente

. . .

1. Siempre haz contacto visual y evita las distracciones cuando tu niño o adolescente se te acerque. Asegúrate de brindarle a tu niño o adolescente toda tu atención. Esto le enseña a tu hijo buenas habilidades para escuchar y al mismo tiempo demuestra que tu te preocupas lo suficiente como para dejar de lado las distracciones y pasar un buen rato con tu hijo. Tu hijo merece toda tu atención cuando acude a ti para hablar sobre sus emociones, aunque sea en un momento inconveniente.

2. Siempre parafrasea las palabras de tu adolescente o niño para asegurarte de que las escuchó correctamente. Puede ser difícil entender completamente lo que dice un niño o adolescente, especialmente si todavía es joven y tiene dificultades para articularse por completo. Si no entendiste correctamente a tu hijo, él tiene la oportunidad de corregirlo antes de que la conversación avance más. Si has entendido correctamente, le has demostrado a tu hijo que estás escuchando activamente.

3. Cuando tu niño o adolescente se te acerque para hablar, asegúrate de no tratar de formular refutaciones o emitir algún tipo de juicio sobre lo que se dice. Tu

trabajo es escuchar lo que tu niño o adolescente tiene que decir, no juzgarlo. Siéntete feliz de que tu hijo haya elegido confiar en ti y asegúrate de no traicionar esa confianza que le dio a través de comentarios sarcásticos o al pasar tanto tiempo enfocándose en una respuesta que no prestó suficiente atención al mensaje que tu hijo estaba tratando de transmitir.

4. Deja en claro a tu adolescente o niño que es más que bienvenido a sentirse de la manera que le plazca, siempre y cuando no permita que esos sentimientos se desborden en su comportamiento de manera negativa o improductiva.

Cuando sus conductas también se vuelvan negativas, asegúrate de enfatizar que las conductas son lo que te desalienta, no la emoción en sí.

5. Trata de relacionarte con tu niño o adolescente cuando se acerque a ti con sentimientos negativos. Déjalos hablar, y cuando lo hayan hecho, trata de relacionarte con ellos de alguna manera. Si tu hijo adolescente está molesto por su primera ruptura, relaciónalo con la suya y con cómo te sentiste tú también. Si tu hijo está decepcionado porque tu castillo de arena se cayó, háblale de un momento en el que algo en lo que

estaban trabajando no salió según lo planeado y cómo se sintieron. Esto les hace sentir que sus emociones son legítimas.

6. Nunca le digas a tu niño o adolescente que está exagerando, que está bien, ni diga nada que implique que sus sentimientos no son correctos, justificados o aceptables. Tu niño o adolescente es libre de sentir lo que le plazca, y cualquier sentimiento es legítimo.

7. Después de que tu niño o adolescente haya terminado de hablar, haz preguntas que profundicen la conversación o que puedan ayudarte a guiarlo hacia una solución lógica a lo que sea que esté desencadenando las emociones que surgieron en primer lugar.

8. Ten una política de puertas abiertas: cualquier cosa que se te diga a ti es confidencial, a menos que creas que tú niño o adolescente está violando las leyes, en riesgo de lastimarse o que alguien más está en riesgo de lastimarse.

. . .

Quieres que tu hijo pueda acudir a ti con cualquier cosa sin temor a ser juzgado, pase lo que pase.

9. Nunca le sugieras a tu adolescente, especialmente a tus hijas, que sus emociones son en realidad solo hormonas y que son una reacción exagerada. Los sentimientos de tu hija no son menos válidos sólo porque es una niña, e insinuar que son menos dignos de confianza es sexista e injusto con ella.

10. Nunca le digas a tu niño o adolescente que llorar es inaceptable. El llanto es una expresión legítima de emoción y no es un comportamiento dañino para nadie a su alrededor. No debe menospreciarse ni desanimarse, ya que hacerlo solo alentará a tu hijo a ocultar sus emociones por completo, en lugar de alentar una conversación abierta sobre sus emociones.

10 consejos para etiquetar las emociones de tu niño o adolescente

1. Asegúrate de nombrar la emoción de tu niño o adolescente en las conversaciones sobre ellos. Esto no

solo reconoce y valida la emoción y muestra que está prestando atención, sino que también permite que los niños, en particular, desarrollen un vocabulario más amplio relacionado con las emociones.

Cada vez que nombres las emociones de tu niño o adolescente, asegúrate de usar un puñado de palabras similares, pero diferentes, que describen la emoción para darle a tu niño o adolescente algo de variedad y opciones.

2. Menciona tus propias emociones cuando hables con tu niño o adolescente sobre algo que lo afectó directamente. Si tu hijo no guardó sus juguetes y tú pisaste uno, dile que te dio mucha tristeza y enojo pisar uno porque le dolió mucho.

Si tu adolescente salió después del toque de queda y no contestó su teléfono, dile lo asustado que estaba y lo mucho que se preocupó hasta que finalmente pudo comunicarse con él.

3. Busca una imagen de una rueda de sentimientos en línea e imprímela. Cada vez que tu niño o adolescente se sienta abrumado o molesto, anímalo a ir a la rueda

de sentimientos y elegir una palabra de nivel medio o externo para explicarle sus sentimientos es una palabra que es más específica que enojado, triste o malo.

4. Dale a tu adolescente la rueda de sentimientos que imprimiste para tu hijo menor y anímalo a usar palabras externas también en una conversación. Conviértelo en un juego: cualquiera que pueda usar el lenguaje más específico sobre sus emociones, gana

5. Entrega a toda la familia copias de hojas de bingo en blanco y haz que cada persona las llene con palabras de nivel externo de la rueda de sentimientos. Organiza una película para la noche de cine e intenta identificar las emociones en su gráfico en los personajes de la película. También debes anotar el contexto de cada emoción en tu tabla para facilitar recordar todo lo que pasó. La primera persona en bingo es la ganadora.

6. Anima a tu hijo a que identifique cómo se sienten los demás niños en el patio de recreo ya que controle sus interacciones con ellos en consecuencia. Esto la hace pensar en cómo se ven las emociones en otras personas, lo que le permite practicar algo de empatía.

.   .   .

7. Juega charadas emocionales con tu hijo adolescente o niño que pueda leer de forma independiente. Esto hace que toda la familia se involucre y piense en las emociones. Toma todas las emociones externas de la rueda de sentimientos y póngalas en una canasta o en algún otro recipiente. Turnate para elegir una hoja de papel y traten de representar la emoción escrita en la hoja sin usar palabras. Quien acierte se queda con ese trozo de papel. El que tenga más resbalones al final del juego es el ganador.

8. Haz juegos de rol o juega con muñecas con tu hija y haz que las emociones sean importantes.

Haz una mueca o un gesto de molestia, o haz que tu muñeca diga "¡Qué asco!" en un tono disgustado y pídele a tu hijo que identifique la emoción que crees que está sintiendo su muñeca. Anímala a seguir intentándolo hasta que acierte. Después de que tu hijo identifique la emoción que estaba representando, pídele que represente una y dile que ganará si se le ocurre una que no pueda identificar. Ir y venir, practicando los intercambios emocionales.

. . .

9. Elogia a tu niño o adolescente cada vez que acuda a ti para hablar sobre sus emociones espontáneamente, y ofrece aún más elogios si usa palabras emocionalmente inteligentes o busca ser específico con sus emociones. Por ejemplo, si tu hijo te dice que está frustrado, o si tu hijo adolescente te dice que está particularmente furioso hoy, esas expresiones merecerían un elogio adicional en comparación con tu hijo cuando dice que se siente mal.

10. Haz un collage de emociones con tu hijo. Dale a tu hijo un montón de revistas viejas, tijeras y pegamento, y pídele que busque imágenes de personas que muestren signos de diversas emociones para pegar en grupos en su papel. Dale cuatro o cinco categorías de emociones por descubrir dentro de las revistas. Para los niños que aún no saben leer, pueden dibujar caras con la emoción apropiada para etiquetar cada categoría. Coloca el collage completo en el refrigerador y anima a tu hijo a correr para señalar cualquier emoción que esté sintiendo en cualquier momento.

10 consejos para alentar a tu niño o adolescente a resolver problemas

. . .

1. Hazle preguntas orientadoras a tu niño o adolescente cuando se sienta atascado o incapaz de resolver su problema. Estas preguntas orientadoras, como "¿qué crees que pasaría si probara esto?" Ayuda a señalar al niño en la dirección correcta sin necesariamente darle la respuesta correcta, especialmente si hace su sugerencia lo suficientemente defectuosa como para no funcionar, pero lo suficientemente cerca de la solución para que pueda encontrarla con un poco más de pensamiento.

2. Cuando tu niño o adolescente se sienta abrumado, anímalo a identificar el problema en cuestión. Este problema podría ser algo menor, como estar molesto por no conseguir un helado, o tan importante como tener dificultades en clase debido a la pérdida de uno de sus padres. Una vez que se identifica el problema, las soluciones son más fáciles de encontrar. Es casi imposible encontrar la respuesta a las preguntas que aún no sabe.

3. La resolución de problemas también implica asegurarte de que los comportamientos no estén fuera de lugar. Los comportamientos emocionalmente

cargados pueden convertirse en un problema o empeorar el problema.

Recuerde a los niños y adolescentes que, si bien se aceptan todas las emociones, es necesario manejar y controlar las malas conductas. Los recordatorios de las consecuencias para los adultos pueden ser apropiados, según las consecuencias, como perder el trabajo si no se cumplen las responsabilidades.

4. Recuerda, este es un trabajo en progreso. No esperes que tu niño o adolescente se convierta repentinamente en un maestro en la resolución de problemas emocionales, especialmente si no es algo en lo que has trabajado mucho para fortalecerlo antes. Tu niño o adolescente aprenderá con el tiempo, siempre y cuando le des el tiempo que necesita. Tu paciencia con el tema hará que este paso sea mucho más llevadero.

5. ¡No prepares a tu hijo para el fracaso! Los niños prosperan en entornos en los que son libres de explorar sin temor a sobrepasarse o que les digan que no. Si puedes crear un entorno en el hogar en el que no sea una palabra que rara vez se diga, tu hijo desarrollará

una capacidad de habilidades de resolución de problemas más creativa simplemente por no encontrarse con situaciones constantes en las que se le dice que no o se le anula su creatividad por cualquier motivo.

6. Recuerda, los adolescentes son impulsivos.

La parte del cerebro que regula los impulsos y sopesa esos impulsos frente al riesgo aún no está desarrollada y no lo estará hasta más adelante en la edad adulta. Debido a esto, es probable que tu adolescente tome riesgos que no son necesariamente inteligentes. Debes estar preparado, especialmente si se involucra la presión de los compañeros. Los adolescentes pueden tratar de involucrarse en comportamientos riesgosos, lo que solo los meterá en más problemas.

Debes asegurarte de que estén armados con el conocimiento que necesitan antes de estar en una situación peligrosa.

· · ·

7. Establece una palabra clave que signifique que tu hijo adolescente te necesita para sacarlo de una situación de riesgo o peligrosa. Continuando con las ideas de la sección anterior, establecer una palabra de seguridad que tu hijo adolescente pueda enviarte por mensaje de texto le brinda a tu hijo adolescente una salida para situaciones en las que no se sienta cómodo o seguro sin perder prestigio frente a sus compañeros. Debido a que sus compañeros verán a sus padres llamando y exigiendo que regrese a casa, instantáneamente tiene una excusa con la que no discutirán y puede evitar una situación con la que no quería tener nada que ver en primer lugar.

8. Una de las mejores maneras de desarrollar habilidades para resolver problemas es permitir que tu niño o adolescente falle algunas veces, especialmente si la situación está controlada. Permitir que tu hijo fracase y se tambalee un poco lo obliga a tratar de resolver el problema por sí mismo, forzando las habilidades de pensamiento crítico, mientras tú todavía estás presente si tu hijo te necesita. Es lo mejor de ambos mundos, lo que permite la independencia y al mismo tiempo proporciona la red de seguridad de un padre.

. . .

9. Se debe alentar tanto a tu adolescente como a tu hijo a pensar en múltiples soluciones para cualquier problema dado. Pídele que piense en el problema que tiene entre manos y que le ofrezca tres o cuatro soluciones. Una vez que se hayan hecho una lluvia de ideas sobre esas soluciones, pídele que evalúe los pros y los contras de cada solución. Esto entonces te da una manera de comparar las diversas soluciones entre sí y descubre la que tendrá los mejores resultados para ellos.

10. Por último, pero ciertamente no menos importante, debes animar a tu niño o adolescente a permanecer persistente. El fracaso es parte de la vida, y es casi seguro que le sucederá repetidamente. Necesita estar preparado para enfrentar ese hecho y al mismo tiempo estar dispuesto a seguir intentándolo después de que haya ocurrido un fracaso. El único camino a seguir después de fallar es hacia arriba, e incluso si continúa fallando, no estará peor de lo que ya estaba. Este paso puede requerir un estímulo adicional: fallar es difícil, ¡incluso para las personas que han terminado de desarrollarse!

Conclusión

¡Muy bien! ¡Has llegado hasta el final de esta gran guía y libro! Si has llegado hasta aquí, es probable que tengas una buena idea de tus fortalezas y debilidades con respecto a tu estilo de crianza. Puedes ser padre en un estilo que desearías que fuera diferente, o puedes darte cuenta de que tu propio EQ no es lo suficientemente alto para que puedas entrenar efectivamente a tu hijo a través de sus propias emociones. No importa dónde te encuentres, con suerte, la información que encontraste en estas páginas te dará una idea de a dónde ir desde aquí para mejorar tus propias habilidades de entrenamiento emocional.

Independientemente de si tu próximo paso es comenzar a trabajar en tu propia inteligencia emocional o saltar directamente al entrenamiento emocional de tu hijo, deberías haber encontrado información valiosa para ayudarte en tu viaje.

Si planeas concentrarte primero en ti mismo para llevar tu propio EQ a un nivel que sería propicio para el entrenamiento emocional, intenta consultar otros libros, que te brindarán información complementaria a lo que se encontró en este y te brindarán la orientación y las habilidades que necesitas para prepararte para criar a un niño emocionalmente inteligente.

Si estás listo para pasar al entrenamiento emocional de tu hijo, recuerda los pasos clave para el entrenamiento emocional: ser consciente de las emociones de tu hijo, ver las emociones como oportunidades de aprendizaje para tu hijo, escuchar y validar los sentimientos de tu hijo, etiquetar las emociones y ayudar su hijo a resolver problemas. Cada uno de estos pasos ayudará a tu hijo a construir los cimientos de la inteligencia emocional que lo llevará a lo largo de la vida y lo ayudará a desarrollar las habilidades para prosperar socialmente.

Recuerda evitar la corrección excesiva o insuficiente de sus propios comportamientos y estilos de crianza y la creación de efectos no deseados con tu hijo. Recuerda, la moderación es importante en todas las cosas, y demasiado de cualquier cosa buena puede tener consecuencias no deseadas. La sobrecorrección puede ser tan mala como la subcorrección, especialmente si cambias de demasiado permisivo a demasiado controlador.

Mientras das tus primeros pasos en tus viaje de coaching emocional, recuerda tener en cuenta lo más importante.